红糖美学◎著

瓷器之美

国宝里的中式美学

人民邮电出版社
北 京

图书在版编目（CIP）数据

瓷器之美 / 红糖美学著. -- 北京 ：人民邮电出版
社，2024. -- （国宝里的中式美学）. -- ISBN 978-7
-115-64830-3

Ⅰ. K876.3

中国国家版本馆 CIP 数据核字第 2024FR1892 号

内 容 提 要

中国瓷器，名满天下。本书从器型、纹饰、颜色等美学角度，解读中国瓷器，同时普及瓷器工艺知识、文物知识，带领读者了解瓷器、鉴赏瓷器。

本书共五章。第一章"瓷器之源，天下名窑"，展示和介绍不同窑口烧制的14件瓷器，体现不同名窑瓷器的特点；第二章"白地生花，青丝红线"，展示和介绍16件在白地上施以其他釉色图案的精美瓷器，青花瓷是其中的代表；第三章"釉上作画，瓷上多彩"，展示和介绍15件彩瓷瓷器；第四章"如脂如玉，粉嫩多彩"，展示和介绍17件粉彩或斗彩瓷器；第五章"匠心创烧，精工不凡"，展示和介绍14件造型新颖、工艺独特的瓷器。

本书适合对传统文化，尤其是对瓷器感兴趣的读者阅读。

◆ 著　　　　　红糖美学
　　责任编辑　　魏夏莹
　　责任印制　　周昇亮

◆ 人民邮电出版社出版发行　　北京市丰台区成寿寺路 11 号
　　邮编　100164　　电子邮件　315@ptpress.com.cn
　　网址　https://www.ptpress.com.cn
　　天津裕同印刷有限公司印刷

◆ 开本：787×1092　1/16
　　印张：11　　　　　　　　　　2024 年 10 月第 1 版
　　字数：281 千字　　　　　　　2024 年 10 月天津第 1 次印刷

定价：158.00 元

读者服务热线：(010)81055296　印装质量热线：(010)81055316
反盗版热线：(010)81055315
广告经营许可证：京东市监广登字 20170147 号

前言

我国是瓷器的故乡，瓷器作为传统手工艺品，不仅承载着丰富的历史文化内涵，也充分展现了中国劳动人民的智慧和创新精神。自商代以来，我国古代先民在陶器技术的基础上，发展创造出瓷器；在经过了原料加工和制造技艺的升级后，大约在东汉晚期形成如今我们所理解的瓷器。

如今我们认为，一般瓷器至少需满足以下 3 个条件。

· 其一，它的胎料必须是瓷土，这是一种主要由高岭土、长石、石英石和莫来石等组成的原料，捏塑成器皿状后，经高温烧结，呈现出色白坚硬的素坯。

· 其二，它必须经过 1200℃以上的高温烧制，只有这样，它才能具备瓷器特有的物理性能。

· 其三，瓷器表面必须施釉，釉是一种由多种化合物混合而成的浆液，附着在瓷胎表面，烧结后，牢固附着在瓷器表面的玻璃质薄层。

而以上 3 点延伸出来的高温煅烧、瓷土精加工、燃料开发与升级等，都使中国古代的制瓷技术屹立于世界之巅。

随着丝绸之路的兴起，东西方贸易往来频繁，中国瓷器被带到了世界各地，这些精美、坚固、实用的器皿令全世界人民折服，而掌握制造瓷器技术的中国成为他们心目中那个遥远的、强大的、文明的伟大国度，他们以"瓷器"为名称呼中国，这就是"China"的由来。

中国瓷器从早期的青瓷、白瓷到后来的青花瓷、釉里红瓷，甚至粉彩瓷、珐琅彩瓷等，从官办瓷窑到民间瓷工，延续近 2000 年，不断地发展创新，给后世留下了数不胜数、浩如烟海的精美瓷器。这些瓷器如今有的流传有序，有的破损佚失，有的不知所终，有的遗落海外。

追根溯源，我们从浩如星辰的众多精美瓷器中，挑选出近八十件，通过展示、解构等方式，望能从制造技艺、器型形状、色彩纹饰等多方面，以及美学、历史等多角度带领读者一同品鉴瓷器之美，同时也去感受古代劳动人民的工艺智慧和独到审美。这不仅能让我们更深入地认识我国的传统文化，更重要的是，以瓷器为源，以传统文化为宗，可以让我们增强民族自信，展望美好未来。

红糖美学

瓷器之美
The beauty of china

目录
Contents

白玉明镜，薄纸磬声

第一章
瓷器之源，天下名窑

第二章
白地生花，青丝红线

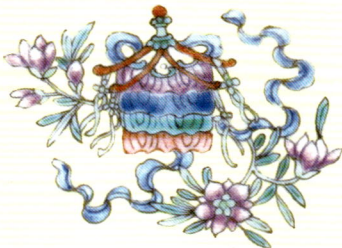

第五章

匠心创烧，精工不凡

白玉明镜，薄纸磬声

瓷器，不仅代表着中国劳动人民的聪慧与勤劳，同时也是中国的代名词。它就像一张名片，将中国的文化和中国人的精神传达给全世界。我们评价瓷器"白如玉、明如镜、薄如纸、声如磬"，就是因为我们中国人也希望自己拥有温润如玉、纯洁善良、谦逊内敛的美好品德。

何谓瓷

早在原始时期，我们的祖先就学会了以"泥土做器皿"的本领，这种以泥土烧结的器皿被称为"陶器"。商周时期的"青釉器"具备了瓷器的基本特征，但它与瓷器并不完全相同，这样的器皿被称为"原始瓷"。陶器、原始瓷和真正的瓷器之间最大的区别，其实就在于烧制温度。

瓷器区别于其他器皿的另一特征，那就是"釉"，这是一层在烧制过程中形成于瓷坯表面的玻璃质薄层。

石英、长石等为原料，含有硅酸盐、硼酸盐等成分。

基础料（氧化物）
助溶剂
呈色剂

含有金属离子的化合物，烧制后会形成不同颜色。

釉的主要成分有3种。

基础料：形成玻璃质表层的基础料，由各类氧化物组成，通过高温熔融，氧化还原成透明光滑的釉层。

呈色剂：产生色彩的呈色剂，由各类含金属离子的化合物组成，例如锆离子会呈现黄色，铜离子会呈现蓝色或绿色，等等。

助溶剂：帮助前两者更好地融合和协调的助溶剂，通常为酯类、醇类等。

瓷器的发展过程也是釉料不断进化的过程，釉料中铁含量的多少决定了瓷器颜色的深浅。最早的瓷器为含铁量在4%以上的黑瓷，然后发展到含铁量为2%～3%的青瓷。直到三国时期，人们可以把釉料中的含铁量控制在1%以下，便出现了白瓷。

陶器   原始瓷   瓷器

700～1000℃   1100～1200℃   1200℃以上

可以看到，烧制瓷器的温度最高，从陶器到瓷器的发展也代表古人对冶炼技术的掌握，以及燃料探索技术、加工环境的不断进步。

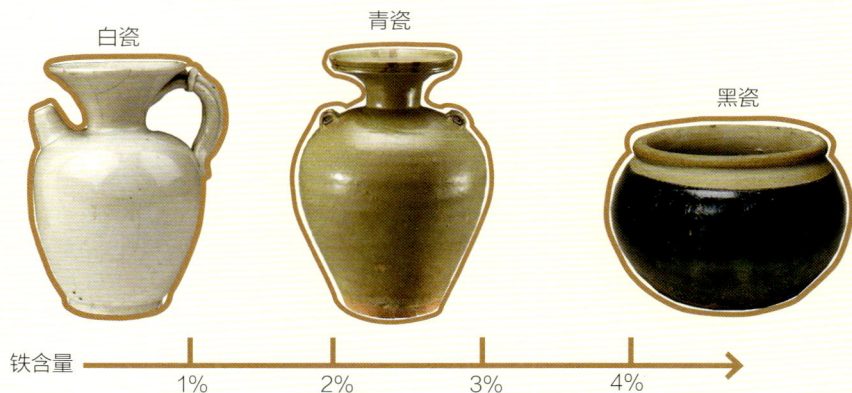

白瓷   青瓷   黑瓷

铁含量   1%   2%   3%   4%

何谓窑

烧制瓷器的场就是"窑"。

瓷器最早的烧制场所大多散落于民间，被称为"民窑"。而到了隋唐时期，瓷器烧制的技术和流程愈加规范，便开始有了由官府督办和管理的"官窑"。

隋唐时期南方以烧制青瓷为主的越窑最为知名，北方以烧制白瓷的邢窑最为知名，故而有"南越北邢，南青北白"一说。又因为越窑为民窑，而邢窑为官窑，也有"南民北官"的说法。

同时，长安及周边以烧制三彩为主的窑口被称为"西窑"，洛阳及周边以烧制彩瓷为主的窑口被称为"东窑"。

西 西窑三彩

北 邢窑白瓷

东 东窑彩瓷

南 越窑青瓷

汝窑瓷器

官窑瓷器

哥窑瓷器

定窑瓷器

钧窑瓷器

到了宋代，瓷器烧制百花齐放，出现最为著名的五大名窑——汝窑、官窑、哥窑、钧窑和定窑。其中汝窑、官窑、哥窑、钧窑皆以烧制青瓷为主，定窑则以烧制白瓷为主。

值得说道的是，北宋真宗景德年间，真宗将一个叫"昌南镇"的地方改名为"景德镇"，命此处开始制瓷，此处后来成了中国的制瓷中心。

景德镇窑瓷器

此外，还有许许多多官窑、民窑，甚至官搭民烧存在于中国的制瓷史中，如河北磁县的磁州窑、福建建安的建州窑、浙江龙泉的龙泉窑、湖南长沙的长沙窑等。

建州窑瓷器

龙泉窑瓷器

釉下彩

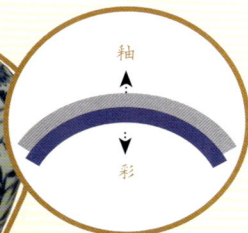

釉下彩即颜色在釉面下，例如青花、釉里红。

釉上彩

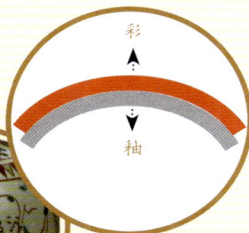

釉上彩即颜色在釉面上，因为颜色一般经不住高温烧制，所以先施透明釉烧制后，再绘制花纹，以低温烧制。

斗彩

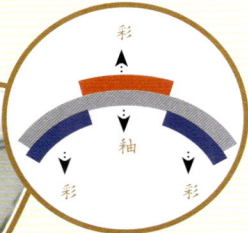

斗彩即釉上彩和釉下彩结合，以青花勾勒花纹轮廓，烧制后再用颜色填充。

瓷之发展

景德镇成为中国的制瓷中心后，继续将制瓷工业发展壮大。匠人们并不满足于制造纯色的瓷器，开始琢磨在釉料上做文章，从而制造出带花纹、图案的瓷器，就这样，青花瓷应运而生。而后匠人们又创烧出各色、各式、各纹的瓷器，这些瓷器工艺可分为4类：釉下彩、釉上彩、斗彩和颜色釉。

青花瓷

青花瓷在中国瓷器中的地位不言而喻。青花瓷从元代开始创烧，而元代辽阔的疆域、强大的军事能力，让青花瓷通过商贸、战争等流传到世界各地，受到全世界的追捧。

颜色釉

霁蓝釉

甜白釉

祭红釉

颜色釉即各类纯色的釉彩，通过添加不同的金属，在烧制中产生化学反应而呈现出不同的颜色。霁蓝釉、祭红釉和甜白釉最为知名，被称为颜色釉中的"三大上品"。

创烧新釉

到了明清时期，瓷器的烧制技艺已达到登峰造极的程度，匠人们不仅将原有的釉型、器型、绘制技巧，乃至制作技巧等发展推广，还创烧和发展出许多新的釉型、瓷型，例如最为知名的粉彩、珐琅彩等。

釉里红

红色釉彩施于釉下，可与青花结合，属于釉下彩的一种。

粉彩

先在釉上施含砷的粉底，再作画。由于砷的乳浊作用，颜色会产生粉化效果。

珐琅彩

也称"搪瓷"。无机玻璃质材料通过熔融凝于瓷胎表面，产生晶莹剔透的感觉。

窑变釉

烧制过程中产生的意想不到的、随机的、自然的釉色效果。

创烧新瓷

匠人们不局限于在釉色、花纹上做文章，尤其是到了清代，更是巧夺天工地创烧出了许多精巧、特别、前所未有的器型，例如可以旋转的转心瓶、转颈瓶，以及合而为一的合欢瓶等。

转心瓶

转颈瓶

合欢瓶

工艺革新

其实到了清代，制瓷的工艺早已不是秘密，全球各地都有了知名的瓷器，例如英国韦奇伍德瓷，法国塞夫勒瓷，荷兰代尔夫特瓷，日本萨摩瓷、九谷瓷，等等，但这些都是在模仿中国瓷器的基础上发展起来的。中国的瓷器一直在通过海上丝绸之路对外出口，来到亚欧非各大陆，这些就是享誉全球的外销瓷。所以日本学者三上次男提出："所谓海上丝绸之路，其实应该叫作陶瓷之路。"

外销瓷

创新瓷

如今，中国的制瓷技艺依然处于世界前列，匠人依靠薪火不灭的传承和创新精神，相继创烧出许多新器型、新釉彩的新瓷器。

第一章

瓷器之源，天下名窑

世界之瓷以中国为源，而中国之瓷的渊源则藏于散落各地的各个窑口。中国窑口历史悠久，例如：以烧制黑瓷为主的德清窑就可以追溯到东晋至南北朝时期；东汉时期便开窑，而今享誉全球的越窑；甚至是北宋时期只短暂存在过20年左右，却千金难求一瓷的汝窑；等等。它们都是中国瓷器之源。每一件瓷器就像是一个刚出生的婴儿，而窑口就是它的出生证明，无论将来它有多大的成就，追根溯源，这些遍布中国大地的窑口，取自中国山川的瓷土，凝结着中国世世代代匠人的心血，汇聚着数千年的中国文化。这就是每一件中国瓷器的渊源。

秋色瓷

夺得千峰翠色来

路越窑

扣碗瓷工

秘色瓷碗

[唐]咸通（860—873）| 中国陕西扶风法门寺博物馆藏

位于浙江上林湖的越窑自古以来便是烧制青瓷的著名窑口，青瓷中的极品者，被晚唐诗人陆龟蒙形容为"九秋风露越窑开，夺得千峰翠色来"。它只贡朝廷且配方保密，故名"秘色瓷"。这种瓷器自古被文人墨客不吝赞美，然而后世的学者却并不知道它们到底长什么样子。直到1987年，陕西扶风法门寺地宫发掘出13件精美的越窑青瓷，通过与出土的"宝物帐碑文"一一对照，人们才知道这就是"瓷秘色碗七口，内二口银棱。瓷秘色盘子，碟子共六枚"中的秘色瓷。这件秘色瓷碗便是其中之一，它被一张画有簪花仕女图的纸张包裹，经过千年，出土时纸张已然腐朽，而纸张上的墨线却印在了碗壁上，成为非常珍贵的历史印迹。

青瓷点褐彩四系盘口瓶

流落在异国他乡的老大哥，纵使浑身泥泞，也祈盼落叶归根。

无款

[东晋]（317—420）

韩国国立中央博物馆藏

在中国瓷器史上，青瓷的出现代表着制瓷技术进入工艺化时代。早期的青瓷因含铁不纯，还原气氛不充足，色调总是呈现黄色或黄褐色，与真正的"千峰翠色"还有一定差距。但这款青瓷点褐彩四系盘口瓶在当时确实是难得的艺术品，它产于江南名窑，随着上贸易来到了当时的朝鲜半岛，作为陪葬品埋于贵族身旁，直到1969年才从这位百济贵族的墓中出土，至今已流落海外近2000年。

水磨冷声摇绿竹

青瓷淡色透寒空

秋荷

40-35-60-0

工艺
Handicraft Technology

此类罐型瓶器皿在大多数情况下用于盛放液体，在造型设计上需实用、合理。例如盘口设计是为了倒液体时，避免液体回流；而四系穿套的设计是为了使器皿在晃动时保持平衡。

盘口处液体流动

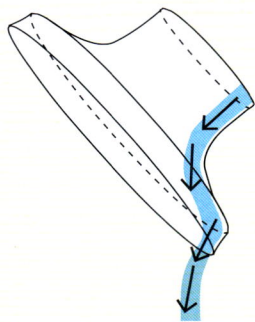

四系穿套

早期青瓷的瓷坯通常比较粗糙，与陶土几乎一致，所以我们也能看到其露坯处呈现砖红色的素坯。

素坯

受力　　　受力

釉浆　　　釉浆

为早期青瓷上釉也比较直接，通常是直接将整个素坯倒扣，淹没于釉浆中，而底部需留出抓握和烧制时坐地的位置，就以素坯处理。这也是早期青瓷的一大特点。

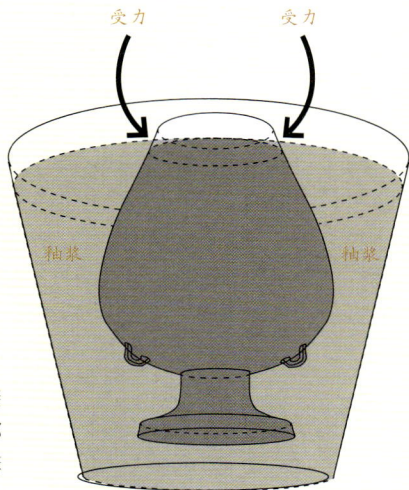

器型和颜色
Shape or Form&Colour

此盘口瓶的一切造型设计都是从实用的角度考虑的，宽大的瓶身如罐，提供了更大的存储空间，整体稳重大方，器型经典。

盘口
短颈
系耳
隆肩
束腹
露坯圈足

棕绿釉

此盘口瓶具有早期青瓷的颜色特征，即青绿色中带有一些黄褐色。这是因为其釉料里铁元素含量高而不纯，烧制时会产生氧化反应。这样的颜色被叫作棕绿釉。

特征
Characteristic

无论是哪种瓷型或釉型，只要是年代久远的瓷器，其釉面均会因湿度变化、温度变化、氧化等各种原因开裂，这就是瓷器的"开片"，这款距今约1700年的青瓷瓶同样有此特征。

开片

此瓶开片纹细而琐碎，遍布瓶身，这代表其釉料所含杂质比较多。

剥釉

同样因为年代久远，一些转折处或常磨损处的釉面会脱离瓷坯，这就叫"剥釉"。这也说明早期烧制技术还比较落后。

作为母亲瓷，想必有许多不为人知的秘密。

英国大英博物馆藏

[永] 字款

[唐]（850—907）

在中国瓷器史上，越窑是早期瓷器窑中最负盛名的，究其原因，主要是它采用了更细腻的瓷土作为泥坯，同时在烧制时也用了许多秘而不宣的技艺。这使得越窑青瓷在同时期与其他窑口生产的瓷器比起来，质地更细腻，色彩更鲜艳，同时艺术成就也更高。这件越窑青瓷供盘正是其中的精品，它"如冰似玉"，完美地契合了中国人对玉石的喜爱和推崇，盘内暗刻两个飘逸流畅的凤凰祥纹，盘底也刻有"永"字款。

特与此花添色相
千山秋翠越窑瓷

古玉　45-20-45-0

工艺
Handicraft Technology

越窑瓷器之所以名震当时，成为唐代文献记载的第一个名窑，主要源于两点，分别是烧制技术和刻花技艺。

匣钵装烧

这是指在烧制瓷器时每一个瓷坯都用匣钵单独装起来，可以使瓷坯在烧制时隔绝明火，避免杂质污染。这使得越窑瓷器质地更加纯洁，颜色更加清朗。这种方法也成为后世各窑口烧制高端瓷器时的必用方法。

印花工艺

印花工艺是陶瓷的一种加工装饰工艺。即通过带有花纹的模印工具，在未干的坯体上轻压成型，或直接以纹样模子塑造坯体，留下细腻纹理，随后入窑烧制，或先施釉再烧制，展现独特的花纹图案。

受力

瓷器印花工艺以其统一的规格、简便的操作，不仅节省了工时，还显著提升了生产效率。此技法历史悠久，自隋唐时期便获显著发展，至宋代更是达到了技艺的高峰。

器型和颜色
Shape or Form&Colour

此盘内部较深，大口而宽足，造型仿金银器供盘，为典型的实用器造型。其端庄典雅，自然而稳重，搭配玉青釉，颇具古朴之气。

| 棕绿釉 |
| 黄绿釉 |
| 淡青（蛋青）釉 |
| 玉青釉 |
| 灰青釉 |

撇口
弧壁
圈足

越窑青瓷的釉色有多种类型，早期多为偏黄褐色的青绿釉，而后有了颜色更加纯粹的青绿釉、灰青釉等。在唐代，最为知名的釉色为玉青釉，这件青瓷盘正是此色，搭配此釉色的越窑青瓷广受欢迎，远销海外。

纹样
Patterns

早期瓷器的花纹一般采用刻花的方式进行塑造，此盘中的双凤纹与边缘处的卷云纹就是运用这样的方式刻画出来的，刻花在宋代陶瓷装饰中极为普遍。

卷云纹

双凤纹

这两种花纹都采用刻花的方式表现，这种方式对匠人的绘画功底要求很高，尤其是对称纹样的刻画，既要保证花纹大小一致，镜像对称；同时线条也要流畅细腻，绝不能有误笔、走笔。

邢窑白釉龙柄壶

● 纯净、高雅，乃遗世而独立的瓷中美人。

美国弗利尔美术馆藏

无款

[唐]（700—899）

邢窑创烧于隋代，是我国北方最早烧制白瓷的窑口，到了唐代，规模达到鼎盛，成为当时的官窑，与越窑一北一南，分庭抗礼。邢窑独创了区别于当时的制瓷工艺和烧造技术，以至于邢窑白瓷从隋代开始，一直延续到五代时期，被公认为"中国白瓷的鼻祖"。这件邢窑白釉龙柄壶，以其细腻至极的胎质，洁白如雪的釉色，匠心独运的装饰，体现出邢窑白瓷的魅力。从器型上看，这件瓷器应为达官贵人家的实用器，属净水壶，盛水后由仆人手持倾倒，水从壶嘴中流出以便主人洗手用，所以这件瓷器有了一些使用痕迹，手柄处因磨擦而光泽莹润，更显玉化。

白玉色 0-0-5-0

工艺 Handicraft Technology

因此件瓷壶造型比较复杂，尤其是手柄处采用了别出心裁的龙形模样，故而在铸造时是分开捏塑各部分，然后用贴塑工艺将其组装拼合而成的。

贴塑工艺

器型较为复杂时，将各部分分开捏塑，尤其是手柄和壶嘴，通过刻花、塑形等技巧进行完善后，再组装贴合，这样的工艺就是贴塑。贴塑工艺历史非常悠久，并且如今依然在使用。

邢窑白瓷有粗白瓷和细白瓷之分，这件白瓷壶就是邢窑精品细白瓷，除质地外，粗白瓷和细白瓷采用的原料也有所不同。

氧化铁含量
化妆土
粗白瓷
1.5%
细白瓷

瓷坯和釉料中氧化铁含量越高，烧制后瓷器的颜色就越深，粗白瓷的氧化铁含量通常在1.5%以上，故而需要用白色化妆土涂抹后再烧制。这件细白瓷壶的壶嘴处可以看到细腻、较薄且未用化妆土的瓷坯。

器型和颜色 Shape or Form&Colour

此件白瓷壶在器型的设计上是比较新颖的，它的龙形耳柄和刻花壶嘴十分少见，具有很高的艺术价值。壶口用铜包边，工艺烦琐，细节丰富。

龙形耳柄
斜口
刻花壶嘴
鼓腹
圈足

| 棕褐釉 |
| 灰白釉 |
| 牙白釉 |
| 黄褐釉 |
| 银白釉 |

要注意，邢窑白瓷并非都是纯白色的，也有偏棕色、黄色、褐色的，当然，最优质的就是如这件白瓷壶一样的牙白釉，被称为"似银类雪"。

特征 Characteristic

邢窑白瓷所采用的釉料，含金属元素较少，故而密度也比较低。所以在烧制过程中，釉层会产生一些气泡，这些气泡破裂后会留下孔洞，这就是"棕眼"。

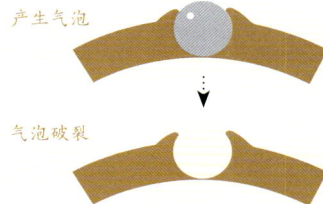

产生气泡
气泡破裂

制作瓷器时，器皿转折处的釉面弧度较大，如器口、肩部、足部等区域更易形成气泡。

巧剜明月染春水

轻旋薄冰盛绿云

[唐] | 中国北京故宫博物院藏

[七] 字款

唐代越窑秘色瓷八棱净瓶，珍稀非凡，其稀有性不仅源于越窑秘色青瓷的罕见，更因制作配方秘不示人，平添一抹神秘。其釉光明润，青绿如碧湖，底部镌有"七"字款识。值得注意的是，慈溪上林湖后司岙窑址所出同类净瓶底部现"公"字款，而法门寺地宫秘色瓷八棱净瓶底足更惊现双"公"字款，增添了几分趣味。此瓶设计精妙，独特的八棱造型，彰显非凡匠心与个性。

工艺
Handicraft Technology

秘色瓷，源自越窑，被誉为青瓷中的极致之作，其独特之处不仅在于每一道烧制工序的极致严苛，更因胎釉中近乎白瓷般的0.7%含铁量而显得尤为珍贵。

步骤①

选料上必须经粉碎、淘洗、腐化、捏练4道工艺，使瓷胎达到较高的致密化程度。

步骤②

通体施釉，隔绝火焰匣钵装烧。以1400℃的高温烧制第一遍，此时釉色泛黄。

步骤③

再次施釉装烧，以1200℃~1300℃的高温烧制第二遍，此时釉色呈现为青翠色。

步骤④

经匠人审核，只有厚薄、通透度、釉色等方面都达标的秘色瓷器才能出窑。

利坯板

在瓷器还是素坯时，匠人会使用一块木板，即利坯板在球形瓷坯上刮塑，将其逐步打磨成八棱形。

器型和颜色
Shape or Form&Colour

瓶通体呈八棱形，溜肩鼓腹。胎体呈灰白色，釉面明亮，釉色青绿，犹如一汪湖水。颈、肩相接处有3条凸棱，增加了器型的美感，颇具匠心。

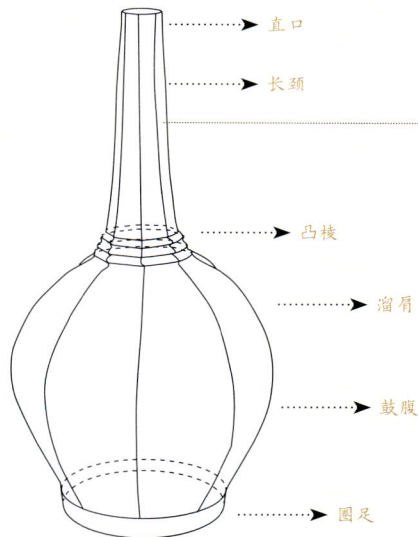

- 直口
- 长颈
- 凸棱
- 溜肩
- 鼓腹
- 圈足

青翠色

棕黄绿色

由于秘色瓷器出土数量十分稀少，目前仅见两种釉色类型，一种如这件八棱瓶的青翠湖水色，另一种偏棕黄绿色。

特征
Characteristic

秘色瓷的独特之处主要在"内部"，因其瓷坯原料及厚度，秘色瓷的透光性很好。从此瓶的底部圈足露胎处可以看出它与其他青瓷的区别。

玉胎

与其他普通青瓷的灰白色或黄白色胎质相比，秘色瓷的胎质被称为"玉胎"，这是因为其颜色较浅，即使在素胎状态下，依然有一定的透明感。

汝窑天青釉托盏

孤独、稀缺、千峰翠色呈现出极致的美感

英国 V&A 博物馆藏
[寿成殿] 款
[北宋] 元祐（1086—1106）

汝瓷是中国瓷器中最稀有的瓷器种类之一，其生产历史只有20年左右，流传至今日，有具体记载的汝瓷只有百件不到，而其中有款识的更是十分稀少。这件托盏上的"寿成殿"款，专家认为它是宋代宫殿楼阁的原始库存标记。托盏制作于北宋徽宗时期，宋人爱饮茶，有一整套饮茶的流程和学问，风雅的宋徽宗也不例外，甚至还写了关于茶的论文。饮茶时搭配汝窑茶具，观汝窑如玉的千峰翠色，是一件无比雍容优雅的事。在具有极高艺术素养的宋徽宗的指导下，经过无数次的实验，匠人终于找到了那种有山雨新停，云雾初散，清冷的阳光透过山间氤氲的感觉的颜色，人们用"雨过天晴云破处，千峰碧波翠色来"来形容这种美。这件汝窑天青釉托盏便能诠释这种难以用文字表述的美。

雨过天晴云破处
千峰碧波翠色来

天青色 40-10-20-0

工艺 Handicraft Technology

为避免饮茶时茶盏烫手，所以将茶盏放在托盏上，茶盏的杯底与托盏口相套合，手持托盏而饮。这件托盏配套的茶盏已佚，仅余托盏，其造型古朴大方，坯体细腻，釉厚而声如磬。

底部视图

- 茶盏
- 托盏

汝瓷制作的每一道工序都十分严苛，用料极奢，最关键的3道工序被称为"香灰胎""玛瑙釉""芝麻钉"。

香灰胎
汝瓷瓷胎用极细的含铜泥制成，呈现出灰白色中带有红、黄的色韵，与燃烧后的香灰相似，故称。

玛瑙釉
汝瓷以玛瑙入釉，烧成后有酥油感，釉透亮，多呈乳浊或结晶状。质地像玉石，光滑温润，珠光内藏。

芝麻钉
为了追求完美无瑕的质感，汝瓷通体施釉，仅在底部着几颗芝麻小钉支撑其进窑烧制，出窑后，还要打磨，以铜包边。

器型和颜色 Shape or Form&Colour

此托盏为浅杯形支架，安装在宽阔、锥形、碟状环形凸缘上，上表面凹入，下方直边。边缘均经过磨削，并用铜环固定包边。

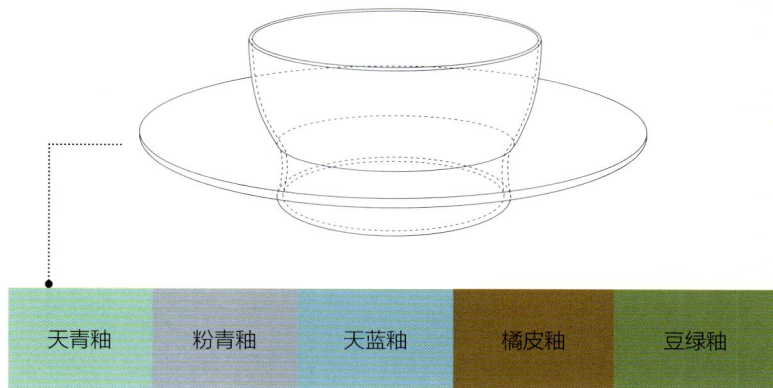

| 天青釉 | 粉青釉 | 天蓝釉 | 橘皮釉 | 豆绿釉 |

汝瓷釉色有多种，有"天青为贵，粉青为上，天蓝弥足珍贵"的说法。

特征 Characteristic

汝瓷的最大特征就是其"开片纹"，这种高温烧制下产生的釉表缺陷却在汝瓷上产生了一种不可复制的自然美感。其开片如片片鱼鳞，或呈蝉翼纹状，美不胜收。

烧制前

蝉翼纹

胎体因热膨胀系数高，受热后变得更大，而釉面热膨胀系数低，受热后胎体拉动釉面，釉面受力而裂。

烧制后

← ── 膨胀 ── →

修内司官窑长颈瓶

● 制造水平和审美水平很高的瓷器，一现世便惊艳四座。

[南宋]（1127—1279）

无款

英国大英博物馆藏

南宋高宗时期，由官方监管督造瓷器的窑口，供御捡退，就是五大名窑中的官窑，其中一些窑口的管理机构为"修内司"，所以这些窑口烧出的瓷器便称为"修内司制"，此长颈瓶正是其中之一。官窑瓷器在器型、纹饰上均遵守严格的礼仪规定，整体以端庄大方为韵。由于是官家督造，所以官窑瓷器质量上乘，制式规范，用料考究。此长颈瓶属于青瓷范畴，但与其他青瓷相比，其釉色更显冷艳，开片纹更大，且线内泛出金色。

绿色 30·10-25-0

工艺 🔥
Handicraft Technology

官窑瓷器的制式是匠人们经过推敲考究出来的，有严格的制式规范，所以很多器型一直沿用至今，对后世如明清时期的器型影响很大。

长颈瓶　　　　胆式瓶　　　　棒槌瓶

上细下大的瓷瓶造型不同，器型类型则不同。长颈瓶与胆式瓶和棒槌瓶的造型十分类似，其区别主要在颈部粗细和腹部大小上。

紫口铁足

因为胎质和釉色的特殊性，宋代的官窑瓷器最大的特征就是紫口铁足。

紫口
官窑瓷器因胎质含铁而泛红，器口因施釉稀薄而偏蓝，叠加后微露紫色。

铁足
官窑瓷器通常足上露胎，胎质中含铁，因此看上去呈赤铁色。

器型和颜色
Shape or Form & Colour

此长颈瓶具有细长的脖子，球形的身体，宽阔的喇叭口。瓶子上有厚实的半透明蓝灰色青瓷釉，表面有不规则的裂纹，色斑染成金黄色，口和足边缘都用铜线包裹。

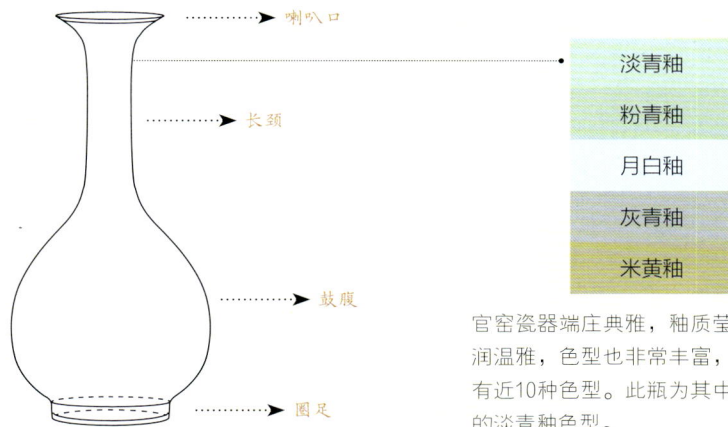

- 喇叭口
- 长颈
- 鼓腹
- 圈足

| 淡青釉 |
| 粉青釉 |
| 月白釉 |
| 灰青釉 |
| 米黄釉 |

官窑瓷器端庄典雅，釉质莹润温雅，色型也非常丰富，有近10种色型。此瓶为其中的淡青釉色型。

特征 🔍
Characteristic

除了"紫口铁足"外，官窑瓷器尤以釉面开大裂纹片著称，并且官窑瓷器胎色偏红灰、紫灰，让这些裂纹透出金色的感觉。这件瓷瓶另有两点特征。

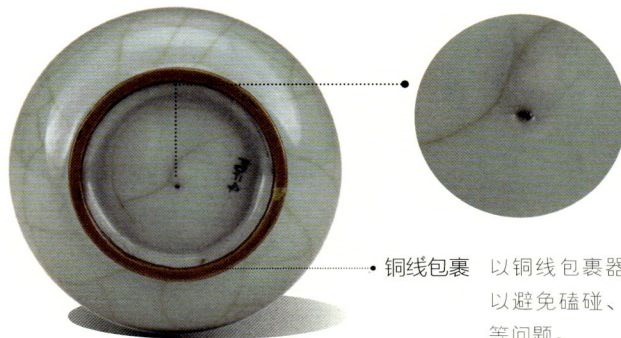

取样点
早期研究瓷器成分时，从底部打一小孔取样而留下的取样点。

铜线包裹 以铜线包裹器口和足，可以避免磕碰、磨损、剥釉等问题。

哥窑青瓷三足炉

● 裂痕的美感，是另一种艺术。

中国台北故宫博物院藏

无款

[南宋]（1127—1279）

关于哥窑的由来，众说纷纭，其中一种说法是南宋时有兄弟二人，兄名章生一，弟名章生二，二人都擅长制瓷。兄弟二人后各入主一窑，故兄主之窑唤为"哥窑"，弟主之窑唤作"弟窑"，皆驰名当时。其中哥窑的名气更甚，名列宋代五大名窑，在陶瓷史上有举足轻重的地位。这件哥窑青瓷三足炉就具有哥窑瓷器的典型特征，其釉质纯粹浓厚，不甚莹澈；开片深而有序，这种龟裂感号称"百圾碎"，极具美感，并且难以复制。整体施灰青月白色釉，颜色莹润而温和，带有宝石的光泽感，器外壁多带灰黄色，有磨损痕迹。这件三足炉作为香炉的一种，用于插香焚燃，是达官贵人家中常备的精美瓷器。

处郡章家弟与兄
弟陶纯美较兄精

工艺
Handicraft Technology

此三足炉的短足为贴塑而成，为达到通体施釉的效果，采用了支钉的方式，避免瓷器底部与烧制平台接触。并且为了避免在烧制时较宽的底部塌陷，刻意让内底上拱一些。

支钉

底部有支钉痕迹，呈六边形分布。烧制时用支钉支撑，烧成出窑后取下支钉。

底足浇汁

烧制时底足会接触烧制平台，故而瓷器烧成后底足无釉，此时用紫黑漆浇涂，以遮挡这一瑕疵。

哥窑瓷器通常以黑色、深灰色泥胎做成瓷坯，坯中暗暗泛紫。首遍给坯体浸釉形成釉层的基础，在第一次釉干透之后，需要进行喷釉。并经多次覆釉回炉低温焙烧，造就哥窑瓷器釉层浑厚质感。

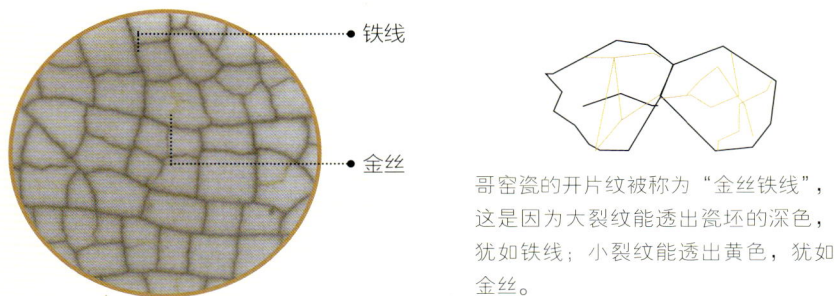

瓷坯　　　　釉料偏黄　　　　釉料偏青

铁线

金丝

哥窑瓷的开片纹被称为"金丝铁线"，这是因为大裂纹能透出瓷坯的深色，犹如铁线；小裂纹能透出黄色，犹如金丝。

器型和颜色
Shape or Form&Colour

此三足炉敛圆口，周壁深直，平底，三短足；施灰青月白色乳浊釉，泛一层酥光；器外壁多带灰黄色，满布黑色开片纹。

敛圆口

传世哥窑瓷器——
灰青色

直壁

明清哥窑瓷器——
炒米黄色

平底

短足

元代以前的哥窑瓷器被称为传世哥窑瓷器，此后的哥窑瓷器被称为明清哥窑瓷器。两者的釉色有较大区别，传世哥窑瓷器一般为灰青色，而明清哥窑瓷器偏黄，唤作炒米黄色。

特征
Characteristic

哥窑瓷器的用釉通常为乳浊釉，且施釉较厚。在高温的作用下，乳浊釉的表面张力使其收缩，烧成后釉面会出现很多无釉的坑洞，此为"缩釉"。

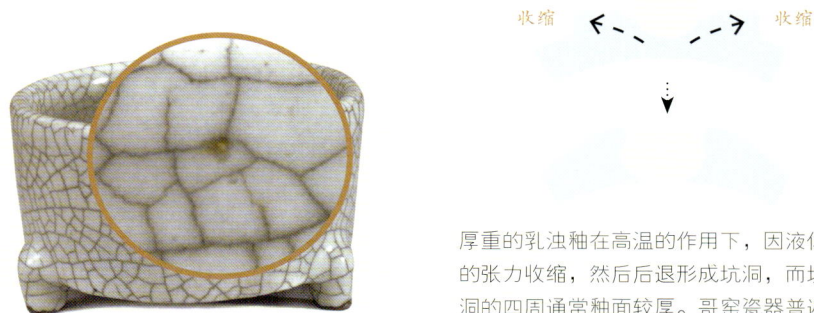

收缩　　　　　　　　收缩

厚重的乳浊釉在高温的作用下，因液体的张力收缩，然后后退形成坑洞，而坑洞的四周通常釉面较厚。哥窑瓷器普遍存在这个现象。

钧窑瓷器之一，自古便有"家有万贯，不如钧瓷一片"的说法。而钧窑瓷器珍贵的原因有两点：其一，其含铜的釉料在烧制时因窑变而产生不同的颜色，彼此渗化，相映生辉，有"进窑一色，出窑万彩"之说；其二是钧窑瓷器制作工艺复杂，从选料到烧成需经过72道工序，成品率极低。这一套钧窑紫斑鸡心碗，总共5盏，为一窑烧制而出，但每一件的颜色、色块形状都不相同，因为在烧制过程中，颜色的形成是完全随机的，难以捉摸。它的基本色聚合了天青、鱼肚白、丁香紫、海棠红、海蓝等色，如同天边的晚霞，既古朴素雅，又散发出绚烂夺目的自然光彩。

高山云雾霞一朵
烟光凌空星满天

钧窑紫斑鸡心碗

● 堪比黄金之贵的美物，真是让人难以捉摸。

美国哈佛艺术博物馆藏

无款

[金]（1115—1234）

工艺
Handicraft Technology

精心挑选禹州当地瓷土为原料，经粗磨、细磨后，还需经历日晒雨淋，瓷土才能变得松散酥软。而无论是瓷土还是釉料，其中都含铜元素，这是钧瓷的一大特征。

铜胎

从底足露胎处可看到钧瓷胎色棕黄，具有金属光泽，类似铜的质感，故有"铜胎"一说。

窑变

瓷器胎土及釉料中含有多种呈色元素，在烧制时，在高温、富氧等多重条件的结合下，会产生氧化及还原作用，形成新的氧化物，使颜色发生变化。

氧化铜

温度

氧化亚铜

氧气含量

高

高

低

低

铜

氧化铜

高温下，铜元素氧化为氧化铜，呈蓝色。而在富氧环境下，持续烧制氧化铜，它会还原为氧化亚铜，呈红紫色。所以，温度、氧气，甚至烧制时长的变化，都会让窑变颜色变幻莫测。

另外，除了铜元素，钧瓷中还含有其他10余种微量元素，它们同样会发生变化，而产生更多更丰富、更难以捉摸的颜色。

器型和颜色
Shape or Form&Colour

这套钧窑紫斑鸡心碗共有5件，每一件的造型几乎一模一样，整体仿照宋时茶盏的样式制作。釉色为天青作底，上面飘浮红心紫斑，乳光内含，温润优雅。

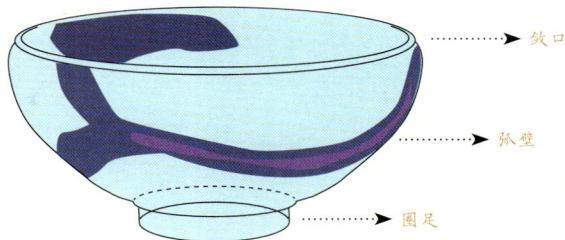

敞口

弧壁

圆足

天青

海蓝

丁香

海棠

钧瓷色型丰富，一瓷上有多色混合，且每种色型都有对应名称，此碗以天青为底，紫斑中有海蓝、丁香紫、海棠红3种同类色互相融合，有渐变感。

特征
Characteristic

仔细观察钧瓷表面的窑变色混合处，会发现其并非色素的融合，而是各色釉彩如液体状丝丝流淌，并相互交融，形成湍急的水流感。

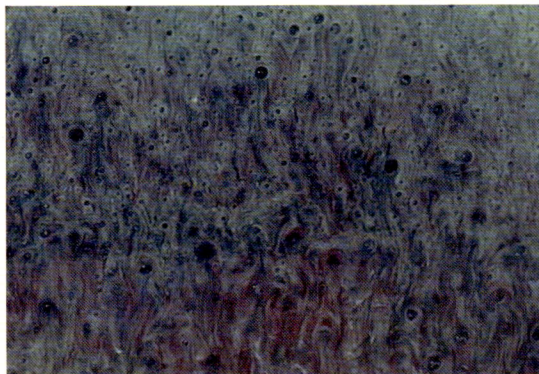

蚯蚓走泥纹和飞瀑纹

若仔细观察，可看到表面泛起小气泡，如繁星点点，窑变釉色条条扭动，人们称其为"蚯蚓走泥纹"。而整体观之，它又如飞瀑争流，倾泻而下，所以又被称为"飞瀑纹"。

定窑刻花螭龙纹洗

● 仅仅用一抹纯白，便在中国瓷器史上留下了辉煌的一页。

英国大英博物馆藏

无款

【北宋】（1086—1127）

唐代邢窑之后，位于河北定州的定窑接替其成为宋代五大名窑中唯一以白瓷闻名的窑口。这件定窑刻花螭龙纹瓷洗就是定窑瓷器的代表。它胎土细腻，胎质薄而有光，因胎土本身就白，所以瓷坯不再施化妆土。再加上其釉色呈现白玻璃质感，纯白滋润，略带粉质，因此也被称为"粉定"。瓷洗内部和外壁都暗刻螭龙纹，低调而高雅。口沿镶铜边，形成色彩上强烈的对比，增强了整体器型的厚重感。想必使用起来是一种莫大的享受。

工艺
Handicraft Technology

定窑瓷器驰名的最大的功劳在于定窑匠人发明的两种技术，那就是火照术和覆烧法。可以说，正是这两种技术的发明，才让定窑瓷器的品质得到根本的提升，使之区别于其他瓷器。

火照片

火照术

烧制瓷器时，同时放入数枚中有孔洞的小瓷片，火照片都上半截釉，只能使用一次。烧制过程中，窑工使用长钩钩出火照片查看，以判断窑内温度和釉的成色。

覆烧法

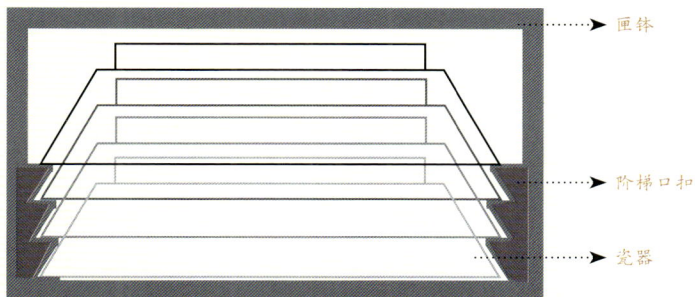

- → 匣钵
- → 阶梯口扣
- → 瓷器

瓷器倒扣入窑烧制，放入一个阶梯状的匣钵内，这样可以在极小的空间内放入尽可能多的瓷器，并且使之相互不粘黏。这一方法极大地节约了燃料、空间和成本，为定窑瓷器的大量生产奠定了基础。

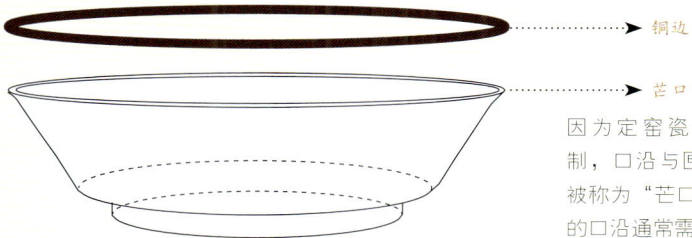

- → 铜边
- → 芒口

因为定窑瓷器采用覆烧法烧制，口沿与匣钵接触而脱釉，被称为"芒口"，所以定窑瓷器的口沿通常需以铜包边。

器型和颜色
Shape or Form&Colour

此瓷洗具铜圈口缘，成体呈乳白色，内部饰刻螭龙纹，外壁饰花卉纹。整体器型与其他笔洗无异，刻花一次完成，无走笔、无修改，体现了匠人极高的水平。

- → 铜圈撇口
- → 斜壁   粉白釉
- → 圈足

定窑瓷器其实还有黑釉瓷、酱釉瓷和绿釉瓷等瓷器，但最为知名的还是白釉瓷，因其釉料中含有大量的长石，故而带有玻璃质感，并且纯白滋润，如水如玉，略有粉质感，被称为"粉白釉"。

纹样
Patterns

定窑白瓷釉色纯粹，毫无瑕疵，故而几无彩釉衬托，只用划花和刻花工艺雕刻出各类花纹。匠人们以单齿、双齿、梳篦状工具划刻复线纹，使其造型看上去十分丰富。

刻花是在划花工艺基础上发展起来的，有时与划花工艺一起运用，通常主要纹饰以刻花表现。纹饰轮廓线一侧划以细线相衬，以增强纹饰的立体感。

位于浙江龙泉的龙泉窑，是中国制瓷历史上存在时间最长的一个瓷窑系，它以制作精美的青瓷而驰名。龙泉窑瓷器远销国内海外，影响十分深远，时至今日依然是制瓷工艺方面的珍品。这件龙泉窑产出的青釉出戟三足炉模仿商周时期青铜器鬲的造型，因此又称"鬲式炉"，器型复古的同时，腹部与三足对应处饰3条凸起的直线纹，别出心裁地形成了出筋的装饰效果。其釉色葱绿，青翠幽雅，色型是龙泉窑瓷器中典型的"梅子青"，如同夏季的青梅，不同于宝石的翠绿，而带有一种清甜的视觉美感。

龙泉窑青釉出戟三足炉

● 温润如一汪清水的瓷器，即使时隔千年，依然令人沉醉。

中国北京故宫博物院藏

无款

[宋]（1127—1279）

琢瓷作鼎碧于水
削银为叶轻如纸

工艺
Handicraft Technology

此鬲式炉符合南宋"白胎厚釉"的特征，胎质白灰，釉料浑厚，分两次施釉，方能达到釉色饱满青翠的效果，通常不支钉烧制，所以底足处露胎呈紫红色，俗称"朱砂底"。

步骤①

瓷坯选料通常含大量白垩土，须经粉碎、淘洗、腐化、捏练4道工艺流程，使瓷胎达到较高的致密化程度。

步骤②

第一遍施薄釉，釉色白中泛青，入窑以1000℃～1200℃烧制。

步骤③

第二遍施厚釉，釉层丰厚柔和，这样才能达到青翠效果，入窑以1200℃以上的高温烧制。

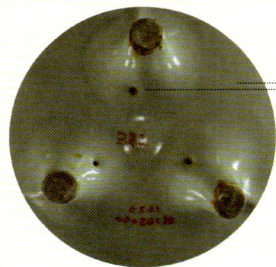

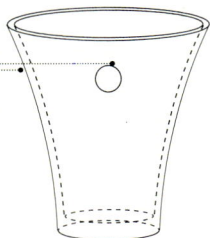

短足处理

在制坯时，三短足以贴塑的方式粘合，短足内部中空。为了防止烧制时炸裂，会在每个短足上打一小孔。

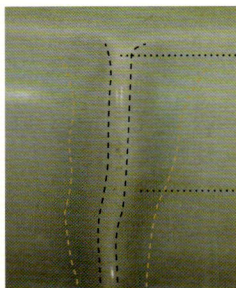

出戟

在烧制时，由于釉料表面的张力，釉料在瓷坯出戟处从上往下收缩，从而沉积到出戟两侧，造成戟峰釉薄的情况，而透出坯色，进而呈现出筋效果。

器型和颜色
Shape or Form&Colour

炉平折沿，束颈，扁圆腹，下承以三足。肩部饰凸起弦纹一道，腹部与三足对应处饰3条凸起的直线纹，通体施青绿色釉，三足底端无釉，呈酱黄色。

- 平撇口
- 束颈
- 扁圆腹
- 三短足

梅子青

龙泉窑瓷器的釉色以粉青和梅子青为最佳，青翠幽雅，水润饱满。

特征
Characteristic

龙泉窑瓷器作为青釉瓷器，集合了几乎所有青瓷的优点，但有一点与其他青瓷不相同，那就是开片。除了因经年累月而产生的历史性开片外，初出窑的龙泉窑瓷器都不开片。

龙泉窑青釉瓷器不开片，虽少了些自然美感，但作为器物的实用性却大大提高，同时更有一种均匀、饱满的釉色之美。

建窑油滴天目盏

● 用它喝一盏茶，品尝明媚江南千年悠悠的风土人情。

日本九州国立博物馆藏

无款

[南宋]（1127—1279）

福建建州地区的建窑因主要烧制高品质的茶盏而闻名当时，无论是王公贵族还是平民百姓都以家有建窑茶盏为豪。建窑茶盏十分风靡，人们沉迷于茶盏内因窑变而产生的釉斑，认为其似眼睛，为其取名"天目"，又因这些釉斑的形状、颜色等不同而将茶盏分门别类，视作珍品。这件建窑茶盏，因表面的釉斑如同水面上的油珠，所以被称为"油滴天目"。这些釉斑，其实是带有金属光泽的圆点状结晶釉，在碗内和碗壁形成疏密、色彩不同的组合。这种因化学和物理变化而产生的肌理，对于古人来说十分震撼，它们如同天上的星宿，布满夜空，显得神秘而深邃，所以才有仰观宇宙，俯察汤色的品茶文化。

黄金碾畔绿尘飞
紫玉瓯心雪涛起

34

工艺
 Handicraft Technology

建窑茶盏施的釉通常都是黑釉，但与其他黑釉不同的是，其胎釉中含有大量的铁元素，素有"铁胎铁釉"一说。建窑茶盏胎体厚重，呈黑灰、紫黑色，胎质粗糙坚硬，釉质刚润，釉色乌黑。

胎釉处理

取建州当地瓷土为坯料，颗粒较粗而不细磨，所以露坯处通常色沉而无光，再施以含铁量极高的黑釉。

步骤①

修胎体，胎体厚实、坚致，色呈浅黑或紫黑色，圈足小而浅，修胎时要草率有力，刀法自然。

步骤②

施黑釉，釉中的三氧化二铁含量5.34%，以1300℃以上的高温烧制。

结晶釉

建窑黑釉属于结晶釉，是含铁量极高的釉料在高温下析出的铁元素产生氧化还原反应而产生的。

釉面 ◀ ┄┄┄ ┄┄┄ ▶ 气泡

瓷坯 ◀ ┄┄┄

步骤① 在高温下，坯和釉中的大量铁元素被析出，发生氧化还原反应。

步骤② 坯和釉中形成许多气泡，气泡不断往釉面上涌。

步骤③ 在气泡上涌的过程中，氧化铁和其他氧化物被带至釉面，气泡不破而冷却后，留下已结晶化的金属氧化物，也就是各种釉斑花纹。

器型和颜色
 Shape or Form&Colour

此盏为典型的茶盏器型，饮茶时单手持握，茶水顺着略带敛口的口沿流出，圈足小而浅。盏心釉因含铜较多而呈现蓝色，口沿因含铁多而呈黄棕色。

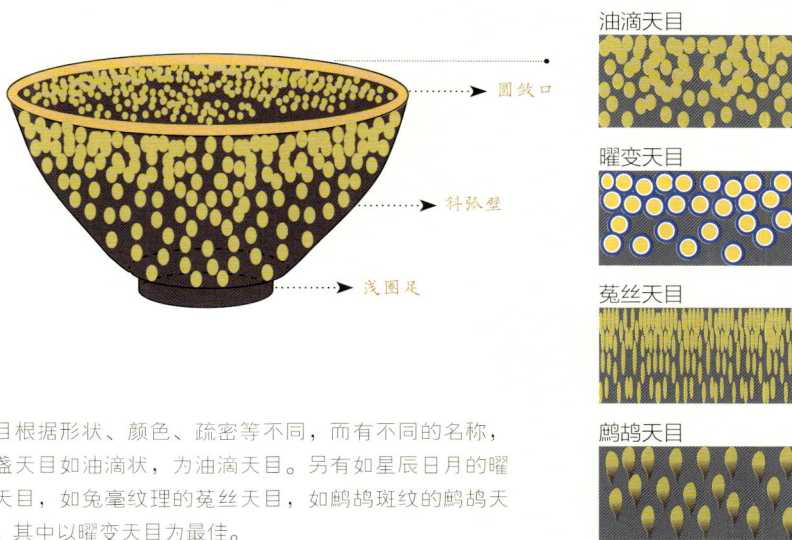

圆敛口

斜弧壁

浅圈足

油滴天目

曜变天目

菟丝天目

鹧鸪天目

天目根据形状、颜色、疏密等不同，而有不同的名称，本盏天目如油滴状，为油滴天目。另有如星辰日月的曜变天目，如兔毫纹理的菟丝天目，如鹧鸪斑纹的鹧鸪天目。其中以曜变天目为最佳。

特征
 Characteristic

建窑黑釉瓷表面的窑变花纹，无论是哪种类型，一般都会呈气泡状分布，而气泡上涌导致其在口沿处更加密集，而底足附近则较稀疏。

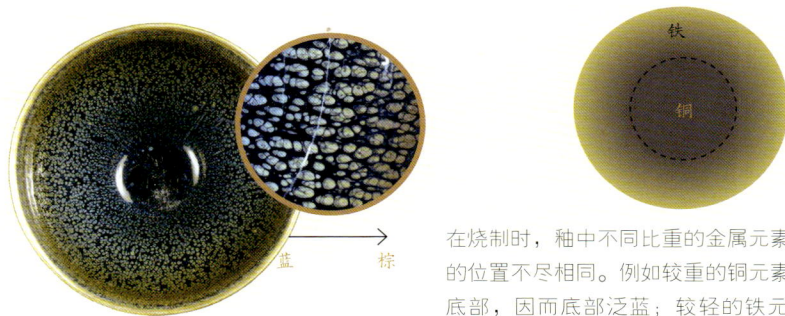

蓝　棕

铁

铜

在烧制时，釉中不同比重的金属元素析出的位置不尽相同。例如较重的铜元素沉于底部，因而底部泛蓝；较轻的铁元素靠上，因而上部泛棕。

淡黄釉瓶

娟秀之格，娇美之韵，造就恬静温婉的中式审美。

中国北京故宫博物院藏
[大清雍正年制]款
[清]雍正（1723—1735）

四月南风大麦黄
枣花未落桐叶长

自明代起，中国的制瓷工艺开始逐步与西方世界产生交流。到了清代，因西方科学技术的兴起，中国开始应用西方的化工釉彩料，并形成本土化的使用方法，于是有了我们看到的这件淡黄釉瓶。这件瓷器釉色淡雅似蛋黄色，故又称"蛋黄釉"。淡黄釉创烧于雍正时期，着色剂为氧化锑，而非传统的以氧化铁为着色剂，故而雍正十三年（1735年），督陶官唐英撰写的《陶成纪事》中称之为"西洋黄"。它釉色纯正、明快，素雅淡净，色彩饱和度高，几无杂质，其鲜艳度和纯净度是以往瓷器的颜色无法达到的。

樱黄色　5-5-70-0

工艺
Handicraft Technology

因单色釉质通常较粗且厚，所以一般单色釉件都不大，多是小器型。此瓶的器型灵感借鉴了传统观音瓶的造型，但整体缩小，显得更加秀气精致。

观音瓶　柳叶瓶　小观音尊

观音瓶流行于清代，其器型颀长俊美，如观音般亭亭玉立，因此而得名。匠人在此基础上略加修改，得到了柳叶瓶器型。将观音瓶之型，结合柳叶瓶的体积，就得到了小观音尊。

锑黄

与传统黄釉以氧化铁为着色剂不同，淡黄釉以锑黄作为着色剂，从而得到比铁黄釉更加恬淡的颜色。

锑黄的主要成分为锑酸铅，在烧制时会产生氧化反应得到氧化锑，得到的淡黄釉黄中带粉，乳浊感更甚。

器型和颜色
Shape or Form & Colour

清代雍正时期的瓷器素以造型娟秀、胎釉精细著称于世。此瓶娇美之形体，恬静之釉质，集中体现了雍正时期的瓷器的艺术风格。

撇口
细颈
溜肩
腹渐收
圈足

茶叶末釉

黄釉

淡黄釉

我国传统黄釉以茶叶末釉为主，明代出现以氧化铁为着色剂的黄釉，直到清代才出现了淡黄釉。

淡黄釉　黄釉　茶叶末釉　浇黄釉　柠檬黄釉

宋代汝窑烧制的茶叶沫釉偏黄棕色，含较多杂质。明代烧制的黄釉光泽度较高，类似鸡油，施釉时将釉料直接浇在素胎上，故名"浇黄"；此后黄釉很长时间断烧，直到康熙时期才开始复烧。而后又出现了颜色更淡的柠檬黄釉。

松石绿釉雕凤凰牡丹纹梅瓶

或许这是人类最早想到的人造宝石的方式。

中国国家博物馆藏

[大清乾隆年制]款

[清]乾隆（1736—1796）

这种瓶口小、瓶身清瘦的大花瓶被称为"梅瓶"。梅瓶在明清时期最为流行，它窄小的瓶口只能容下梅枝的清瘦，高耸的瓶身方能包容梅枝的纤长，赏梅的同时赏瓶之釉色花纹，相映成趣，优雅非常。这件松石绿釉雕凤凰牡丹纹梅瓶因釉色青绿，颇似绿松石色泽而得名。它本身就具有宝石般的美感，加上它表面的缠枝花卉纹饰雕刻得十分精致，采用类似浮雕工艺，让纹饰立体感变得更强，流畅的线条，均衡的布局，使其即使不用作插花也是一件无与伦比的艺术品。

宛如翠竹常留痕
色似青梅初出水

松石绿 55-10-35-0

工艺
Handicraft Technology

乾隆时期的制瓷匠人在技艺上已达到古代制瓷的巅峰，尤其是以手上功夫见长的雕工，这件梅瓶的一大优点就是其花纹线条流畅，布局合理，优美自然。

抿子

瓷刀，又称抿子，是专门用于在瓷坯表面进行雕刻的工具，有各种型号和刀形，刀片通常用纯铜制成。

步骤①

在瓷坯干燥前，即使用瓷刀进行雕刻。需要雕刻的瓷坯需比普通瓷坯略厚一些。

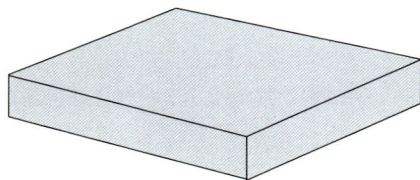

步骤②

预留出要雕刻形状的位置，将周围其他部分的瓷坯用利坯的方式去掉。

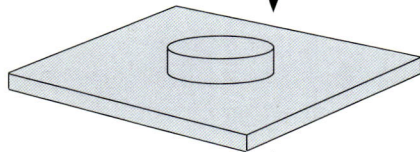

步骤③

对留下的部分塑形，逐渐细化，去掉多余的瓷坯部分，保留立体的雕刻纹饰。

器型和颜色
Shape or Form&Colour

作为单色釉瓷器，一般器型不会很大，然而此梅瓶却是难得的大器型。它整体端庄大方，造型优雅，是单色釉瓷器中的精品。

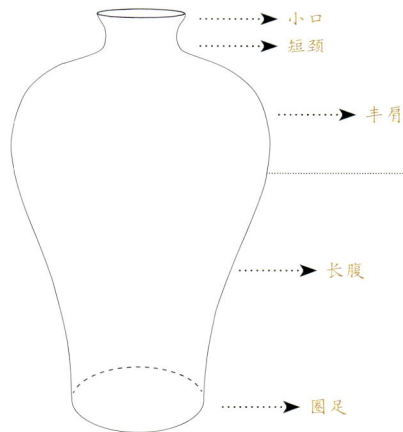

小口
短颈
丰肩
长腹
圈足

传统青釉

松石绿釉

松石绿釉以氧化铜作为着色剂，又含有碳酸钙等物质，其色绿中略带黄，故又名"秋葵绿"。

纹样
Patterns

清代瓷器比较讲究纹样纹饰的表现，凤凰牡丹纹是清代瓷器装饰的典型纹样之一，同时此瓶上还有石竹、梅花、莲花、卷草等纹饰，细致精美，繁而不乱。

卷草牡丹纹

牡丹为富贵之花，搭配卷草绵延的特征，象征富贵吉祥，健康长寿。

凤凰纹

凤凰在古代被视为瑞鸟，为百鸟之王，雄鸟为凤，雌鸟为凰。在纹饰上通常以双凤形象出现。

胭脂水釉小碗

富贵的气质、娟秀的造型，无不体现皇家的审美。

中国北京故宫博物院藏

[大清雍正年制] 款

[清] 雍正 (1723—1735)

在清代以前相当长的时间内，红色的釉彩大多以含氧化铁的矾红作为着色剂，颜色比较沉闷偏棕。直到1650年荷兰人卡西亚发明了将金元素入釉来着色的方法，才得到胭脂红釉的颜色。这种方法传到中国，人们就开始将其用作单色釉彩烧制于瓷器上。这件胭脂水釉小碗创烧于雍正时期，这是胭脂红釉的运用最为精致娴熟的时期。在通透的薄质瓷坯上，通体施白釉，然后使用喷釉的方法将胭脂红釉料喷在瓷器表面，使其更加均匀。这让这件小碗在艳红动人的同时，还略带粉质，完美贴合了化妆用的胭脂粉感。在烧制时，匠人通过控制温度和氧气含量，让胭脂红的颜色产生更丰富的变化，内施白釉，外施胭脂红釉，内外相衬，愈发显出胭脂的娇艳。

插花应使花羞色
比尽翻嗤画是空

胭脂红
35-95-70-0

工艺 Handicraft Technology

简单的碗，却有许多不同的器型，最常见的要数凉帽碗和折腰碗了。此瓷碗便属于凉帽碗，它胎体极薄，造型十分优美，里施白釉，外壁施胭脂釉，是清代皇室的御用瓷器。

| 凉帽碗 | 折腰碗 |

凉帽碗和折腰碗最大的区别在于口沿下方是否内收。凉帽碗从口沿到圈足是流畅的弧壁，而折腰碗在口沿下会内收一段再向下弧收，直至圈足。

以金入釉

之所以说胭脂红釉贵重，是因为其以金元素入釉作着色剂，从而产生红色。故而这样的颜色也叫"金红"，呈红紫色。

金元素

温度 ← | → 氧气含量

高 | 高

低 | 低

胭脂红釉瓷一般都经二次烧制，先以1300℃的温度烧出白瓷，然后采用喷釉的方法将釉浆均匀地喷于其上，再将其置于低温小炉以800℃的温度烧成。

胭脂红釉的色泽直接由金含量调控，高则浓艳鲜红，低则淡粉柔美。同时，烧制过程中的温度、气氛、时间等条件也微妙地影响着釉色的深浅与色调。匠人们凭借精湛技艺，调控这些因素，从而创造出多变的胭脂色系。

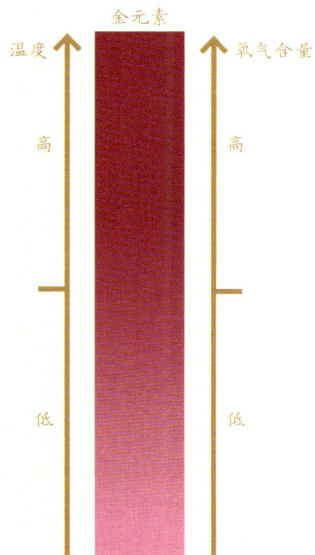

器型和颜色 Shape or Form&Colour

此瓷碗造型秀雅，小巧玲珑，底釉洁白，釉色粉嫩娇艳，釉色匀净，为雍正时期胭脂红釉的代表作品。

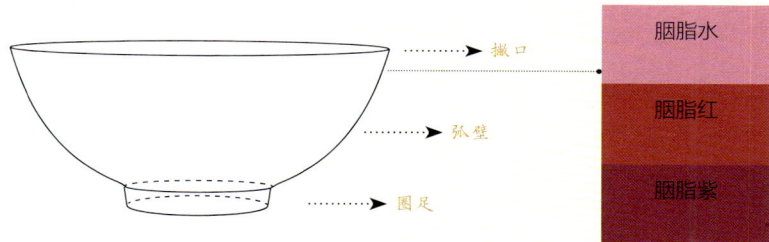

撇口 → 胭脂水
弧壁 → 胭脂红
圈足 → 胭脂紫

匠人在烧制过程中，巧妙运用釉料配方（金含量尤为关键）、精确控制温度、气氛与烧制时间，并考虑环境条件，从而精准展现出丰富多变的红色釉彩。这种红色一般分为3种，最浅偏粉者叫胭脂水，居中偏红者叫胭脂红，最深偏紫者叫胭脂紫。

特征 Characteristic

在胭脂红釉出现之前，我国制瓷用到的红釉在很长时间内都是以含氧化铁的矾红或者含氧化铜的郎红作为着色剂。相比而言，矾红颜色更浅、更薄，色彩纯度略低，且整体偏黄棕。

| 胭脂红釉 | 矾红釉 | 郎红釉 |

古代红釉瓷器长时间使用的一种釉料是含氧化铁的矾红，其着色成分主要为三氧化二铁，因其颜色类似橙子的颜色，故又名"橙红"。

郎红釉又称千年红釉、帝王红釉，主要以氧化铜为着色剂，色彩绚丽，釉汁较厚，呈流淌状而不甚均匀。

第二章

白地生花，青丝红线

原始时期，全球各地文明皆产陶器，而中国人使陶器进化为瓷器，自此中国文明在世界制瓷史上超出其他文明。瓷器以白为佳，以薄为美，当这种素色瓷器领先世界的时候，中国古代制瓷匠人们开始在素地瓷器上以其他釉色绘制图案，或红或黑，或青或旋，以此形成一种白地生花的美感。而以单纯的装饰性图案附加于原本寡淡的瓷器上后，这才真正将瓷器从一种生活实用之器升华为一种艺术品，形成了一种瓷器文化，中国瓷器因而屹立于世界之巅。

元青花缠枝瓜果纹玉壶春瓶

[元]（1271—1368） | 中国山东省济宁市博物馆藏

中国成熟的青花瓷出现在元代的景德镇，它大改传统瓷器含蓄内敛的风格，以鲜明的视觉效果，给人以简明的快感。匠人以其大气豪迈的气概和艺术原创精神将青花绘画艺术推向顶峰，确立了后世青花瓷的繁荣与经久不衰。

这件元青花缠枝瓜果纹玉壶春瓶，虽然花纹比较简单，使用了大量卷草、缠枝纹饰分割块面，且图案基本都是线条化的，但这并不妨碍将绘画附加于瓷器上这一开创性的瓷器装饰手法给当时的中国人甚至西方人带来视觉冲击。也就是说，在瓷器艺术中增加了绘画艺术的成分，这让中国瓷器工艺直接上升了一个档次。这对后世影响的深远性不言而喻，全世界都惊叹于这种制瓷技术，将这类瓷器命名为"青花瓷"。

磁州窑珍珠地双鹿纹瓷枕

● 神兽与瑞草的祝福，让人一夕安眠。

无款
[北宋]（960—1127）| 英国 V&A 博物馆藏

10-10-15-0 珍珠灰
45-80-75-5 釉红

中国古人蓄长发，脑后束髻，尤其是在夏日夜里，枕一方瓷枕，方得一夕安眠。我国河北磁县的磁州窑作为北方民窑的代表，所烧制的瓷器也无不体现出实用性和美观性。这件瓷枕便是磁州窑民间用器的典型代表。它采用划花工艺，在半干坯体上浅绘细腻线纹，辅以密集珍珠纹饰为地，随后覆以红釉，精心焙烧而成。枕面双鹿相对，口衔瑞草。侧面的花朵以团花为重点，并用忍冬纹勾连间隔。这些纹饰都具有吉祥寓意，枕上睡觉，不仅能降温消暑，也能给人心理安慰。这样的民用瓷器，我国古代使用了上千年。

纹样
Patterns

民窑瓷器的装饰纹样通常简单直接，此瓷枕上画祥兽瑞草，皆寄托了吉祥如意、长寿健康的愿望。

→ 卷草花卉
→ 鹿衔瑞草
→ 山石

枕面纹

枕面为一幅组图，两只梅花鹿相对而视，并且口中衔有瑞草，双鹿间有一块山石，上面开出仙草花卉。因鹿通"禄"，所以它在民间象征福气、吉祥，是典型的瑞兽图案。鹿口中的瑞草三叶卷曲分开，为忍冬纹，象征健康长寿。

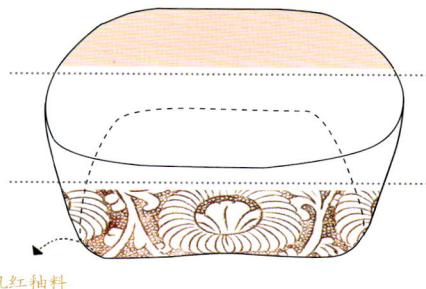

珍珠地　　　　团花纹　　　　忍冬纹

侧面纹

忍冬纹为典型的蔓草纹饰。因忍冬经冬不死，古人以其象征健康长寿。中间的团花纹大而匀称，装饰感极强，整体放置在紧密的珍珠地上，疏密有致，节奏感很强。

工艺
Handicraft Technology

这件瓷枕为炻瓷，这是一种在高温下烧制达到玻璃化的陶瓷，它本身的质地是致密的，烧成后表面本就自带光泽，上釉只是为了装饰。

矾红釉料

步骤① 炻瓷的原料为磁州当地的天然泥，细腻致密，所以瓷坯本身为红棕色。

步骤② 用化妆土刷涂整个瓷坯，然后使其自然阴干，这样烧成后炻瓷的美观度更高。

步骤③ 划花后覆以矾红釉料，入窑以1200℃左右的高温长时间烧制。

炻瓷的泥坯颜色通常比较深，正常烧制完成后呈深红色或深棕色。烧制前用化妆土涂白，但化妆土的覆盖能力有限，所以一般炻瓷表面也会泛出些微红色。

器型
Shape or Form

此瓷枕的造型比较朴素，枕面呈倾斜的凹弧椭圆形，下凹弧度更大的一侧为近肩侧，底部水平，侧面圆润，转角光滑，实用性强。

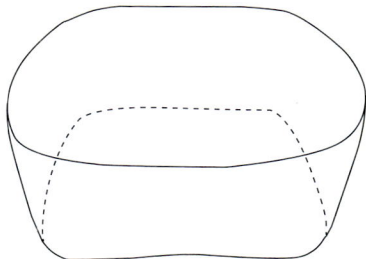

防裂孔

因为炻瓷的密度很高，且瓷枕中空而外部完全密封，长时间以高温烧制很容易爆裂，所以在瓷枕后侧方挖一小孔，使内外空气相通，便可避免其爆裂。

矾红彩花荷露诗文碗

● 帝王最得意的诗作，大批量烧制在碗上，大臣们吃饭时记得欣赏。

[大清乾隆年制]款

[清]乾隆（1736—1796）| 中国台北故宫博物院藏

在中国古代的诗人中，若从数量来看，那么清乾隆皇帝是当之无愧的第一，他一生作诗四万多首，并且对自己写的每一首诗都非常认可，认为是得意之作。乾隆二十四年（1759年），他作《荷露烹茶》一诗，极为满意，于是命匠人以矾红彩将其写绘于瓷碗上，烧制出近百盏矾红彩花荷诗文碗，自留及赏赐大臣，得到赏赐的官员无不顶礼膜拜，供奉观瞻。此碗胎体轻薄，质地细腻，红彩鲜艳，内底绘池中荷花、荷叶，外壁环绕御制诗文，并以如意、祥云纹衬托。整只碗虽然只用矾红一色勾绘，但主题鲜明，醒目有致，体现出匠人极高的绘画及烧制水平。

纹样
Patterns

此碗通体以矾红描绘花纹，口足内外均为红地留白如意祥云纹饰，杯外白地上书乾隆御制诗一首，内底绘池中荷花、荷叶，外围与口足绘相同的如意祥云纹一周。底部绘荷花图案，与诗文主题保持一致。如意、祥云纹为典型的吉祥纹样，寓意美好、幸福。

祥云纹　　　　如意纹

如意、祥云纹
这两种纹样都是典型的祥纹。如意是古代一种金玉制的吉祥宝品，造型源于灵芝瑞草。将其居中，四角用双重祥云间隔，主次分明，装饰感强。

荷花纹

与其他荷花纹不同的是，这幅图案展现了完整的荷塘场景：水波涟漪中，生长出舒展自然的荷叶，荷花娇艳。矾红浓淡变化得宜，层次丰富，表现出一派清新自然的风光。

御製　新秋　乾隆己卯　一律　荷露烹茶　馳求　酒置驛遠　此底　若曾經識　李相　玆玉乳浮　詠欣　金盤姿宜　笑彼　窰甌學仙　鼎越　氣惠山竹　青女　白帝精靈　盞奴　柄傾來盞　流柄　葉上露珠　秋荷

诗文
诗文取乾隆皇帝于1759年秋日所作的《荷露烹茶》，该诗描写清晨采集荷叶上的露珠，并用露水来烹茶的过程，使人在感受荷风清气的同时，体会一番如仙人般的感受。

工艺
Handicraft
Technology

矾红是我国古代制瓷红釉中较常使用的一种釉彩，它呈橘红色，与后来出现的红釉相比，它的颜色有深浅变化，层次也更丰富。

硫酸亚铁

煅烧氧化

氧化铁

矾红
矾红采用青矾制成，青矾的主要成分为青绿色的硫酸亚铁，经火煅烧会产生氧化反应，生成橘红色的氧化铁，然后氧化铁会被制成釉料使用。矾红的颜色虽然并不鲜艳，但富有深浅变化。

器型
Shape or Form

此碗为折腰碗造型，撇口深壁，通体以矾红绘制花纹，胎体轻薄，质地细腻，为乾隆时期的瓷器佳品。

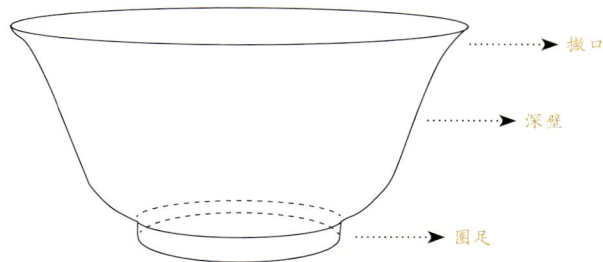

撇口

深壁

圈足

青花花卉纹水仙盆

● 青花绽放于素色白瓷，释放出迷人的芳香。

[体和殿制] 款
[清] 同治 （1862—1875）| 中国北京故宫博物院藏

1884年，光绪十年，慈禧太后五十大寿，虽然朝政飘摇，但她依然命人在紫禁城中修建新宫殿，取名为"体和殿"，并置办了一应用具。其中就包括这件青花花卉纹水仙盆。此盆胎骨厚重，呈四方造型，白釉部分洁白如雪，青花发色淡雅。作为水仙花盆，侧面的花卉纹饰描画细腻柔和，花朵、枝干脉络清晰，幽雅清淡。其造型虽然简单，青花朴素，但与冬日清新淡雅的水仙花搭配起来，显得非常合适。在青花瓷器中，很难见到刻画得如此细腻的图案，因为除了画出青色的浓淡变化外，还用更重的线条勾勒轮廓，清晰明了，这在中国古代瓷器史上也是一件不可多得的佳作。

90-70-0-25 群青

纹样
Patterns

花盆上的纹样通常以花卉草木图案为主，这件水仙花盆的纹样集中在四侧，相对两侧的纹样相同。图案取《岁朝清供图》中的主要花卉，造型优美，线条流畅。

水仙、南天竹、灵芝纹
长方形侧面的纹样为水仙和南天竹，水仙之中穿插了两朵灵芝，这三者都是在冬日凌寒生长的瑞草祥木。其中水仙代表纯洁、高雅；南天竹代表平安长寿，好运吉祥；灵芝同样有长寿健康之寓意。

回纹
花卉纹顶部为变形的回纹，如绞索纠缠，呈横"8"字形平排，围绕整个花盆顶边一周。

兰花纹
兰花是花中四君子之一，寓意清新高雅，卓尔不群。这一纹样绘制于花盆窄侧边，造型优雅大方，颇有香花瘦草之美感。

工艺
Handicraft Technology

这件花盆制作于清代晚期，故而带有明显的晚清光绪官窑风格，主要体现在坯料和釉料的原料上。其中坯料主要用景德镇的高岭土，青料则用珠明料。

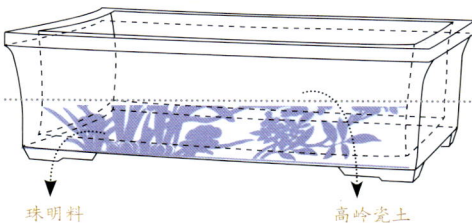

步骤①
以高岭土、长石、石英，以及少量铁磨细而成的瓷土烧制，无须化妆土也能使胎色洁白。

步骤②
以国产钴土制成的珠明料绘制花纹，再进行低温烧制。

绘制青花瓷花纹的釉料称为青料，晚清时期所用青料由云南、福建等地出产的国产钴土煅烧而成，名曰珠明料。珠明料色彩饱满，不易产生裂纹，但其缺点是颜色略微发紫，不够鲜亮。

器型
Shape or Form

盆大致呈长方体，口微撇，口沿处有一周宽大凸沿，直腹，平底，底四角各有一小足，小足呈阶梯设计。

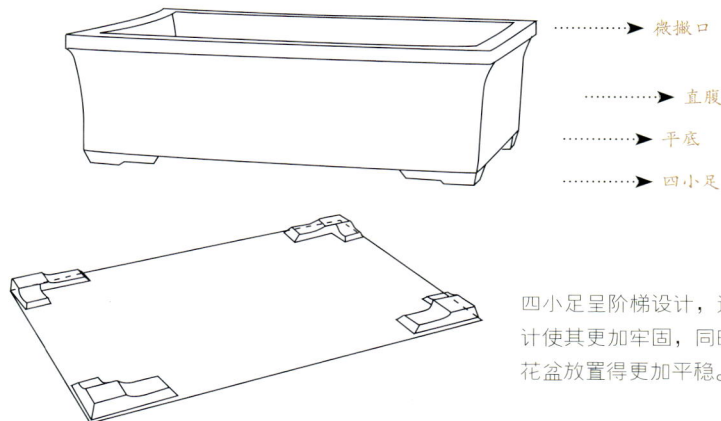

微撇口
直腹
平底
四小足

四小足呈阶梯设计，这样的设计使其更加牢固，同时也能让花盆放置得更加平稳。

青花山水罗汉图钟

● 自己给自己送钟，却敲不醒的贪玩的少年皇帝。

造月夏孟年元啟天明大

[大明天启元年孟夏月造] 款
[明] 天启元年 （1621） | 中国北京故宫博物院藏

95-95-30-0 绀蓝
55-30-5-0 窈蓝

钟，在古代不仅是一种乐器，同时也是权力和地位的象征，它意味着当权者的洪音，能对世人起到警示作用。1621年，明熹宗朱由校登基为帝，年仅16岁，改元为天启。初登大宝，或许是新鲜感使然，天启皇帝本想有一番作为，于是命人制作这件青花山水罗汉图钟，寓意新朝伊始，万象更新。此钟模仿周代青铜打击乐器中的青铜钟，造型秀丽，线条圆滑流畅，龙头纽设计巧妙，使精巧的瓷钟平添了几分庄重气派。明天启朝历时仅7年，传世品数量极少，此件带有明确纪年款的青花钟实属珍品。

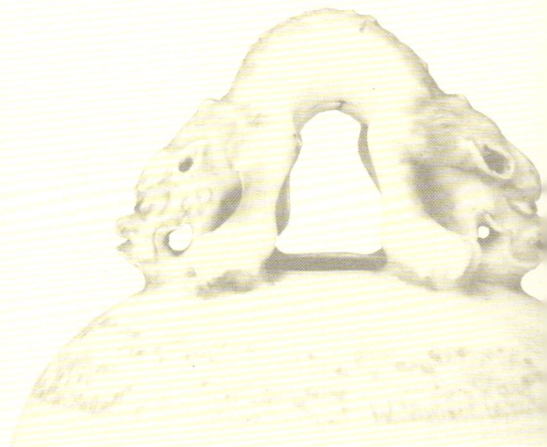

此钟上下两端以一圈缠枝线条花卉纹环绕一周，中间部分为十八罗汉图。

芭蕉罗汉　托塔罗汉　看门罗汉　笑狮罗汉　开心罗汉　过江罗汉
探手罗汉　布袋罗汉　拄杖罗汉　骑象罗汉
长眉罗汉　戏蟾罗汉　伏虎罗汉
降龙罗汉　举钵罗汉　坐鹿罗汉
欢喜罗汉　沉思罗汉

十八罗汉

罗汉本是佛陀的得道弟子，传说有五百之众。民间常取其中较有代表性的罗汉作像膜拜。明代以前，民间较普遍的说法为"十六罗汉"；明代以后，在原本的十六罗汉的基础上，增加了降龙、伏虎二位罗汉，变为"十八罗汉"。这样的说法延续至今。

工艺
Handicraft
Technology

由于平等青料使用殆尽，明代晚期青花瓷的青料开始使用新疆产的回青料，但回青料价格高昂，一般与石子青混合使用。

贴塑

此钟的蟠龙钮是单独制作的，然后以贴塑的方式置于钟顶。

回青料

回青料颜色鲜艳，但价格高昂，大多与石子青混合使用。当回青料比例大时，颜色较鲜艳，偏蓝紫；当石子青的比例大于回青料时，颜色则发灰、发白。

回青料 → 石子青

器型
Shape or Form

此钟为铜钟式，顶置双头龙钮，钟内中空，顶部有一孔，可做正常敲击发音。

双头龙钮
溜肩
束腹
撇足

青花花卉纹双耳四足带盖锅

● 拿这样的锅来盛汤，会不会太奢侈了？

无款

[清] 雍正 （1723—1735） | 中国北京故宫博物院藏

100-95-50-25 麒麟

95-70-0-25 群青

这件青花花卉纹双耳四足带盖锅相较于当时的瓷器类型，显得比较特殊，特殊之处在于其造型比较新颖。其实这是因为它是由外国定烧的外销瓷器，所以它在造型上虽然保留了中国瓷器的一些纹饰元素，但还是明显带有符合欧洲审美的表现。首先出于实用性的考虑，这件带盖锅其实是作为汤盆使用的，所以双耳设计以及盖上的蒂状提纽可以避免接触时烫手，且四足稳定，不易倾倒。而出于美观性的考虑，这件带盖锅整体采用南瓜造型，锅盖整体设计为荷叶形，顶部用蒂状提纽让其造型更偏植物化。同时锅身和锅盖上都采用了浮雕设计，让其层次更加丰富，装饰花纹的立体感更强。但不知是何原因，最终这件瓷器未能踏上欧洲的土地，但从其整体设计、造型，以及工艺来看，定制这件带盖锅的必然是欧洲贵族。当然，它也完全展现出了我国18世纪瓷器烧制的技艺领先世界这一点。

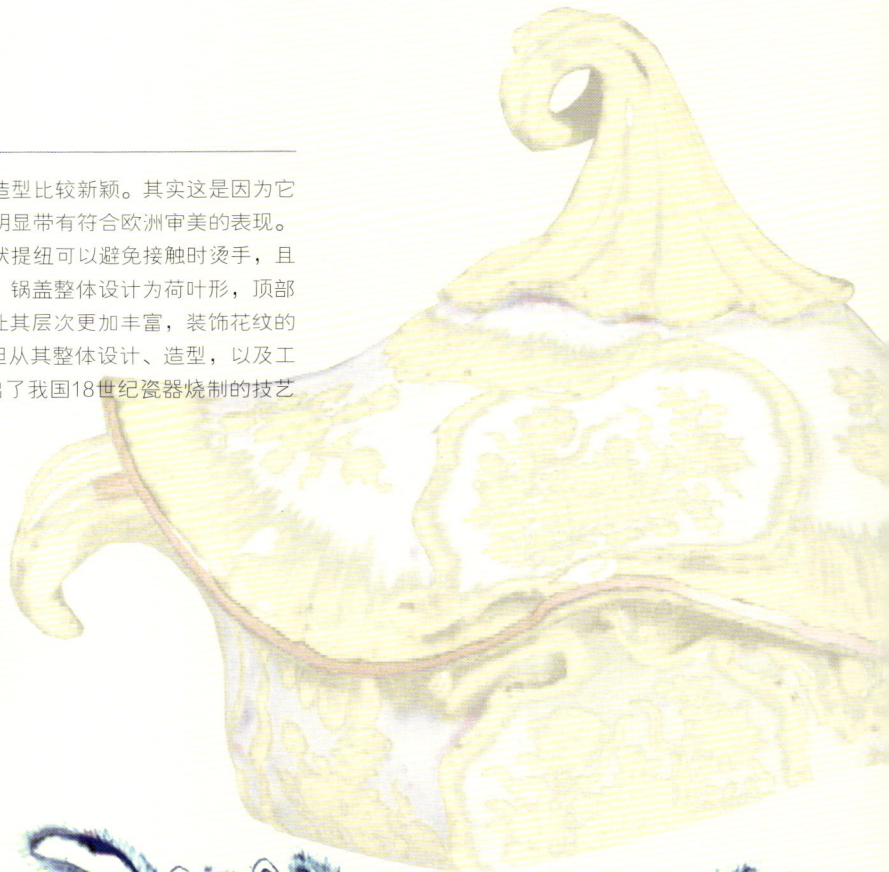

纹样
Patterns

这件带盖锅表面除了用立体的叶形开光凸饰增加层次感以外，在纹饰上中西结合，以人们普遍喜爱的花卉纹作为装饰核心。这种折枝花卉结合东方的寓意内涵，使得这件带盖锅精美非常、细节丰富。

菊花、水仙、康乃馨、雏菊

菊花为主体，代表旷达隐逸。水仙花和康乃馨是欧洲静物画中常见的花卉，搭配雏菊，让画面化整为零，疏密有致。

山茶花

山茶花在欧洲非常受欢迎，它的花语是谦让高洁、谦虚内敛，这也符合中国对君子形象的描述。

合欢花、石榴花

合欢花和石榴花无论是在东方还是西方，都常用以象征家庭和爱情，分别寓意夫妻恩爱、多子多福。

杂花纹

这件带盖锅的左右两个侧边，分别用杂花纹填充，在整体上，它们起到过渡和衔接的作用。

工艺
Handicraft Technology

这件带盖锅采用了捏塑和贴塑的工艺，二者结合，对匠人的手上功夫和造型能力要求极高。

步骤①

制坯时，匠人需要先制作出锅身和锅盖，也就是❶，锅身要有双耳，锅盖呈荷叶形，二者要紧密地盖合。

步骤②

使用捏塑的方式从内往外顶出凸饰的基本轮廓，如锅上的❷、❸。

步骤③

用贴塑的方式，加上蒂形提钮和四足，也就是❹。

器型
Shape or Form

这件带盖锅的整体造型前所未有，与一般瓷器的器型判断标准大不一样，在南瓜形整体造型的基础上，加入了许多植物化的特征。

- 蒂形提钮
- 荷叶形锅盖
- 佛手形耳
- 南瓜形锅身
- 四瓜形足

成化款青花杂宝纹高足碗

● 用它来吃饭，肯定会多吃几碗！

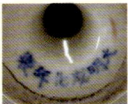

[大明成化年制]款
[明]成化（1465—1487）| 中国北京故宫博物院藏

此成化款青花杂宝纹高足碗使用了江西乐平出产的平等青料，烧成后，色泽淡雅、清丽而明澈，晕散不严重。这也是成化青花瓷受到后世追捧，被奉为"青花瓷中精品"的原因。明成化皇帝有较高的艺术素养，对日常用瓷的美观度要求也极高，作为皇家御用器，皇帝要求其必须达到"庄重圆润，玲珑俊秀"的标准，正如这一盏高足碗，端庄典雅，实用性与美观性兼而有之。

纹样
Patterns

高足碗的碗底包裹一圈缠枝卷草花纹作为呼应，碗腹采用流行于明代的杂宝纹环绕装饰，共取八宝，每样以祥云纹作为衬托，为吉祥纹样。

祥云纹
祥云指祥瑞之云气，造型婉转优美，有吉祥、喜庆、幸福之意。

金铤纹
金铤纹取十字交叉状，放置于祥云上方，寓意财富和富贵。

犀角纹
整体短粗，中间有鱼骨形纹路，古人认为犀角有驱邪辟邪的功效。

银锭纹
取银锭平板束腰的形制，银锭纹与金铤纹一样，象征金钱和财富。

叠胜纹
两个菱形压角相叠，起源于女性的方胜饰品，有同心吉祥之意，象征夫妻和谐。

圆钱纹
取铜钱样式，圆钱的方孔略呈四决状，同样象征金钱和财富。

火珠纹
火珠纹源于佛教摩尼宝珠纹，是佛门至宝。

象牙纹
取相较犀角更细更长的象牙，两牙相交。古代象牙代表崇高而神圣的地位。

工艺
Handicraft Technology

高足碗亦称"靶碗"，这件高足碗中空足不封底，相较其釉彩图案绘制，碗的制坯过程更具难度，因为碗身与碗足为一体制作，要保持绝对的水平和平衡。

掏空利坯

拉坯　拉坯

利坯　掏空利坯　利坯

将圆柱坯体放置于辘轳上，以利坯的方式掏出碗的内部空间，将碗身拉坯到碗足的高度，然后将底部坯逐渐切割出竹节状的碗足，最后掏空碗足内部空间。

器型
Shape or Form

该高足碗上半部分采用折腰碗造型，碗口大而平，下半部分衔接竹节状高足，在器型上，也可称为"盅"。其符合典型实用食器的各种造型特征。

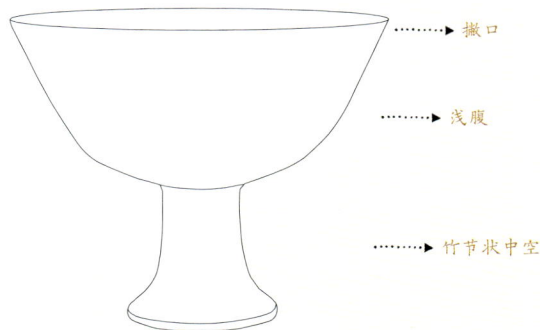

撇口

浅腹

竹节状中空

中国古代以子嗣昌盛、人丁兴旺为整个家族最大的福气，这使得从唐宋时期开始，不管是民间还是皇家都十分流行一种描绘儿童游戏场景的画作，被称为"婴戏图"。画面上的婴孩或独自玩耍，或成群嬉戏，千姿百态，妙趣横生，寓意着连生贵子、五子登科、百子千孙。明代婴戏图最为流行，这件嘉靖款青花十六子图盖罐也正是在这样的背景下烧制的，它集合了当时最为流行的数种祥纹，堪称祥纹大集合。青花纹饰深沉浓郁，满绘罐身，彰显出匠人高深技艺的同时，也从侧面反映了当时社会的风潮。

嘉靖款青花十六子图盖罐

● 一个承载着家族人丁兴旺的美好愿望的罐子。

大明嘉靖年制

中国北京故宫博物院藏

[大明嘉靖年制] 款

[明] 嘉靖（1522—1566）

纹样 Patterns

此罐几乎是明代中期吉祥纹饰的大汇总，从罐顶的桃纽到罐肩、罐腹、罐底，以环绕式的长图一整周包裹绘制。罐身绘16个婴孩玩耍的场景，搭配其他纹饰，显得热闹非常。

灵芝瑞草纹

此纹绘于罐盖侧边，以3朵灵芝为基础，最大一朵的居中，辐射出卷草形式的瑞草纹，相互串联。

石榴纹

此纹绘于罐盖侧边，3个石榴并排，以枝叶穿插连接。石榴多籽，故常寓意多子多福。

火焰宝座纹

绘于盖顶，形成莲花宝座样式，中间为火焰纹。

宝珠纹

火焰宝座之间的桃纽上为藤球样式的宝珠纹，意指火焰宝珠，即摩尼宝珠。

莲瓣纹

罐底部分用莲瓣纹环绕一圈，使此罐仿佛置于莲花宝台之中。

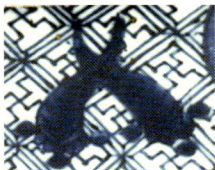

象牙纹：代表权威　　银锭纹：代表金钱　　珊瑚纹：代表珍宝　　铜钱纹：代表金钱

杂宝纹

罐肩上绘制了杂宝纹，杂宝纹为各类祥瑞纹饰，通常若干个一起出现，数量并不固定。

工艺 Handicraft Technology

此罐采用的青料为明中期有名的平等青料，亦称"陂塘青"，相比明代早期的苏麻离青料，其色更蓝，同时也更通透，且不易晕散，这使得用这种青料绘制的花纹相对比较清晰。

明代中期青花瓷的瓷坯一般较薄，甚至有透光效果，故而罐身造型虽然大而浑圆，却不显臃肿。

平等青料

明代中期，进口的苏麻离青料使用殆尽，江西乐平所产的平等青料开始被运用在青花瓷上，它色正而不燥，韵高而不浮。

| 苏麻离青料 | 平等青料 | 回青料 |

器型 Shape or Form

此罐的盖子和罐身两部分单独制作，盖子套合罐身，紧密结合。罐腹饱满，但收腰的设计让罐子整体看上去并不臃肿呆板。

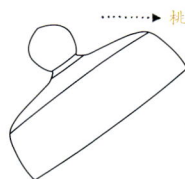

桃形球钮

唇口
短颈
丰肩
圆腹
腹下渐收
圈足内凹

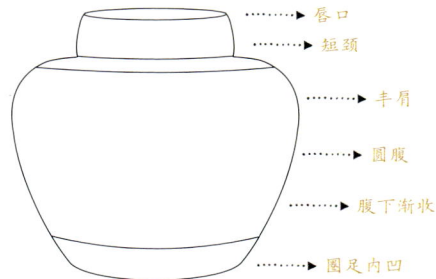

盖罐的器型在明代中期非常流行，除了青花瓷器，各类釉彩的盖罐也比比皆是。

宣德款青花鱼莲纹盘

● 一个朴实无华的盘子，装着皇帝最喜欢的小动物。

[大明宣德年制] 款

[明] 宣德（1426—1435）| 中国北京故宫博物院藏

宣德皇帝朱瞻基除了是一位文治武功的皇帝外，还是一位有极高造诣的书画艺术家。他最为热衷的题材便是动物，所以，以动物为题材的青花瓷器在此时大受欢迎，这件青花鱼莲纹盘就是如此。此盘的侧面和盘中底部满画水纹，水波荡漾间，交替生出水草荷花。鱼儿游弋其中，或跃出水面，或纵游冲刺，生动活泼，惟妙惟肖。而盘内边缘一周，则用卷水纹描绘出更为澎湃的海水，与内部平淡恬静的画面一动一静，形成了强烈对比，主次分明，构图布局得当。这样的绘画艺术，无疑将这件瓷器提升到了更高的档次。

纹样
Patterns

此盘纹饰以鱼和荷花为主，交叉铺于水波纹之中，间隔均匀，疏密得当，加上纹饰所占面积较大，所以看上去显得琳琅满目。适当穿插的水草、浮萍纹饰，也让画面更加生动。

鱼纹

此盘上画了两种鱼，分别是鲤鱼和鳜鱼。鲤鱼有"鱼跃龙门"一说，而鳜鱼谐音"贵鱼"，象征富贵繁荣。鱼纹是典型祥纹，普遍代表四海升平，富贵有余。

荷花纹

荷叶、荷花和莲蓬由一地而发，左右生长出放射状的水草，虽造型稍不自然，但设计感很强。

水草、水藻、浮萍纹

水中还穿插了各类水草、水藻和浮萍，其画法与朱瞻基《鱼藻图》中的画法十分相似，起到了调节画面节奏的效果。

工艺
Handicraft Technology

此盘青花纹饰的绘制使用了多次上色的技法，在创新上对后世起到了示范作用。匠人采用了多层上釉的方式，让画面更显立体，层次感更强。

> 盘内边缘
> 盘内底部
> 盘侧边

此前，青花瓷的花纹基本是一遍画成，而在面积较大、更加复杂的画面中，一遍画成的青花就会显得平均、沉闷，缺乏重点。

对于此盘，匠人先用青花上一遍底色，待其自然阴干后，在上面继续作画，形成深浅不同的层次。

多层上釉的方式，除了让画面有了深浅不同的颜色层次，也丰富了上色手段。后世青花瓷则多使用多层上釉的方法。

器型
Shape or Form

此盘大而撇口，底足相较其他盘子更高，敞口浅腹，充分展现了盘中花纹的全貌，同时，微撇的盘口也可以让盘口内一圈海水纹更易展示完全。

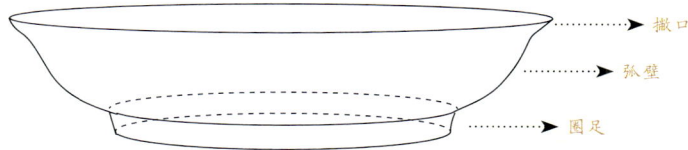

> 撇口
> 弧壁
> 圈足

康熙款青花仕女图浅碗

● 美人如烟，江山如雾，一碗茶汤，饮尽风花雪月。

仕女图是中国古代一种以贵族妇女的生活为题材的画作，通常通过对贵族妇女纳凉、理妆、簪花、游骑等生活场景的描绘，向人们展现当时女性的闲逸生活及其复杂的内心世界。从某种角度来说，仕女图与西方的女性肖像画有异曲同工之妙。这件康熙款青花仕女图浅碗，便是将仕女图以青花绘制到了碗上，它描绘了在云雾缭绕的高阁楼台上，5名仕女赏花拜月的场景，琼楼玉宇，衣袂飘飘，如在仙境一般。纹饰使用上等青料绘制，青花色泽浓郁，浓淡适宜，具有明显的矿石厚重感。

[大清康熙年制] 款
[清] 康熙（1662—1722）
中国北京故宫博物院藏

纹样 Patterns

此碗纹饰以5名仕女为主，她们站在高阁楼台上，以动作体现出场景主题，搭配山石、草木、云雾、琼楼等景象，描绘出人间仙境般的场景。

赏花	拜月	静立	抱琴	送茶

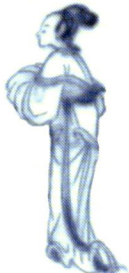

仕女纹

5名仕女各自有不同的动作，表现出5种不同的场景。她们都苗条娴静，衣袂飘飘，与周围场景相配合，形成十分热闹的氛围。

植物纹

画面中主要的两种植物分别是桂树和樟树。桂树说明季节当为秋季，中秋时古代女子有拜月习俗。樟树为吉祥树，且音通"璋"，指弄璋之望，寓祈盼添男丁。

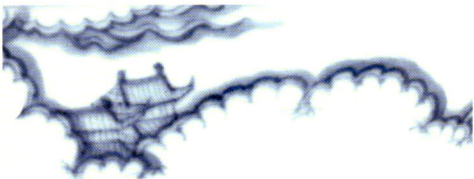

云纹

画面中的云雾以锯齿状云纹表现，浓郁处线条螺旋而出，如波涛纹。云雾中又有琼楼玉宇，更能给人人间仙境之感。

工艺 Handicraft Technology

此碗展现出典型清代早期青花瓷的风格，它的胎质较厚，底足较粗，有粘砂，所用青料为浙江出产的浙料。它颜色层次丰富，可分为"头浓、正浓、二浓、正淡、影淡"5层深浅。

步骤①

素坯作画，浙料颜色较灰，通过深浅浓淡分出不同层次后入窑烧制。

步骤②

在青花绘制完成后，上透明釉，入窑以1200℃～1300℃的高温烧制。

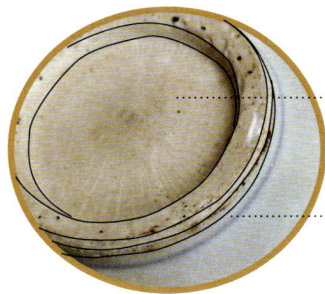

清代早期瓷器的底足内常见放射状的纹路，称为"跳刀痕"。

圈足上出现台阶的形状，俗称"二层台"。

器型 Shape or Form

此碗为浅碗器型，碗壁浅而弧度缓，类似茶盏造型，从功能性来说，它是为了饮茶而设计的。较厚的胎壁可尽量避免茶汤烫手，略高的底足让造型更显优雅。

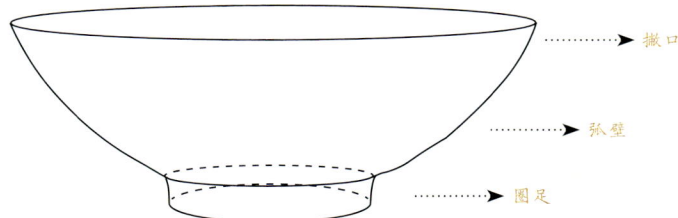

撇口

弧壁

圈足

青花蕉叶纹嵌壁菊瓣式饮水器

● 花园里美好的下午，在用它洗手的一瞬间就宣告结束了。

无款

[清] 雍正 （1723—1735） | 中国北京故宫博物院藏

清代景德镇生产的一部分瓷器远销海外，被称为"外销瓷"。而为了满足外国人的审美和需求，匠人创烧出了许多新颖的器型，此瓶便是其中之一。而此瓶难得的是在汝瓷新颖的器型上，结合了富有中国特色的纹饰，但却并不矛盾，反而相得益彰，是当时外销瓷中的精品。

100-95-50-25　麒麟

95-70-0-25　群青

纹样
Patterns

此瓶从纹饰上来看，非常有中国特色，瓶身纹饰由上下相对的两行花纹组成，它们取蕉叶纹外形，内部结合宝相花纹的变化。下方的阴阳方格花纹又带有波斯风格，却不显杂乱。

蕉叶-宝相花纹

花纹的整体外形取芭蕉叶的形象，内部的卷花是佛教中宝相花纹的走势。这是一种以花为主体，镶嵌各类繁密、细致的花叶珠串等的花纹，是经典的吉祥纹饰。

卷草花纹

花叶卷曲，呈S形伸展，这种卷草花纹寓意长寿、健康。

阴阳方格花纹

下方的阴阳方格有典型波斯细密画风格，内部画各类杂花，相互间形成连续的对比。

蚰纹

水草纹

水草、鱼纹

顶部的壁挂，两侧为鱼纹，用叠鳞纹表现鱼鳞，结合瓷器的立体凸起，形成鱼头，成为鱼纹。中间部分为放射状的水草纹。

工艺
Handicraft Technology

在清代早期，外销瓷的制作就实现了手工流水线化的生产，为了提高制作效率，每个匠人负责固定的一个环节。我们以这个挂壁瓶为例讲解它的制作过程。

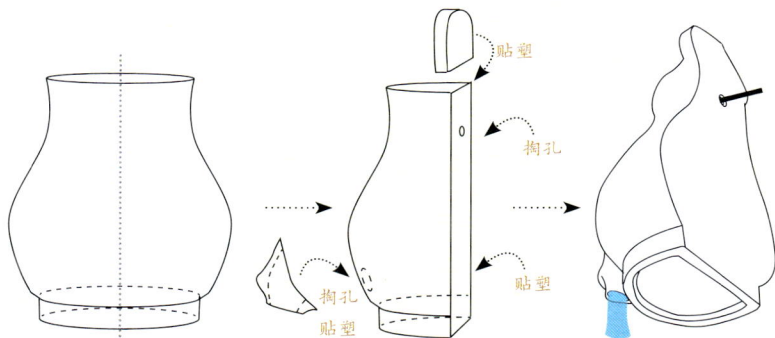

贴塑

掏孔

掏孔
贴塑

贴塑

塑坯匠人先用陶轮制作出完整的圆瓶，然后将其一分为二。

用制作好的泥板封住一侧，然后掏孔，以贴塑方式装上壁挂和龙头部分。

将制作完成的挂瓶用钉子挂于墙壁上，加水后从龙头流出。

器型
Shape or Form

此瓶的外形如菊瓣，弧面有一道一道的凸棱，模仿瓜形。其背部平坦，便于贴合墙壁。龙头部分模仿猫头造型，水可从其口部流出。

壁挂

敞口

溜肩

鼓腹

猫头龙头

圈足

从正面看，整个瓶子如胆式瓶，但其背部平坦，是典型的挂瓶。

雍正款黄地珐琅彩云龙纹碗

● 帝王之碗，装的是天下苍生。

5-5-70-0 浅黄色
0-20-100-10 琉璃黄
0-45-80-0 栀黄

[雍正年制]款

[清]雍正（1723—1735）｜ 中国北京故宫博物院藏

清代雍正时期的官窑不仅烧制出了许多娟秀、优雅的瓷器，同时也烧制了一些用以彰显皇家截然不同的雍容华贵的身份地位的瓷器，比如此碗。它内部留白，外部全部用雍正朝时创烧的淡黄釉为地，上绘二黄釉云龙。二龙翱翔于云际，周身布满火焰状光芒，似在追逐，也似在把玩中心的一颗火焰宝珠。纹饰大气磅礴，黄色彰显皇家身份，使这件小小的瓷碗看上去华贵不凡，也让它成为雍正朝为数不多的典型的皇家瓷中精品。

纹样
Patterns

云龙纹是权势、高贵、尊荣的象征，龙腾天际，无拘无束，二龙争玩宝珠，则是"二龙戏珠"之意，寄托着喜庆丰收、祈求吉祥的美好愿望。

龙纹
古代尤其是清代，对龙纹的使用有着非常严格的限制，其中主要以爪的多少来限定使用群体，五爪龙只有皇帝才能使用，它是皇帝的象征。

云纹
这类云纹为卷云纹，扭曲盘旋的线条让云朵更显柔软，也增加了画面中线条的丰富度。

龙珠纹
龙珠通常以太阳为原型，中心为螺旋线条，四周散发火焰状光芒。

火焰纹
倾斜的线条组合表现出升腾的火苗感，同时增强了动感。

工艺
Handicraft Technology

该碗烧制于雍正时期，此时正是我国瓷器制作中两种黄釉混合使用的时期。一种是从明代便开始使用的，以氧化铁和氧化铅为主的传统黄釉，另一种是从国外进口的以锑黄为主的淡黄釉。

步骤①
素胎制作完成后，先上一层透明釉，入窑以1300℃的高温烧制。

步骤②
在碗的外侧整体上淡黄釉。

步骤③
用传统黄釉绘制花纹，入窑以1200℃以下的温度烧制。

无论是淡黄釉还是黄釉，都属于低温釉。所有的低温釉瓷都需二次烧制，即先以高温定型，后以低温上色。

器型
Shape or Form

此碗为折腰碗造型，与同时期的官窑碗基本相同，但底足相对较高，体现出皇家御用瓷器的超然性。碗口大而微撇，碗壁深而呈现出S形的折腰感。

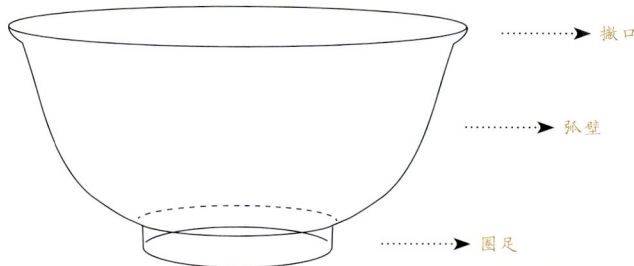

撇口

弧壁

圈足

釉里红缠枝牡丹纹执壶

● 酿秋小春月，取酒雪花晨。

无款
[明] 洪武（1368—1398）| 中国北京故宫博物院藏

釉里红与青花一样，都属于一道釉，它耐高温，从元代开始创烧，至明代发展成熟。更加稳定的配方与烧制技术，让釉里红瓷器涌现出更多精品。这件釉里红缠枝牡丹纹执壶在装饰风格上一改元代纹饰繁密的特点，布局渐趋疏朗，采用分层装饰的手法，图案粗犷而不失工整，具有鲜明的时代特征。明代早期釉里红瓷器通常为大件器皿，这种小而精的瓷器并不多，更难得的是，此壶与同时期的其他瓷器相比，发色更为鲜艳纯正，是一件难得的珍品。

45-80-75-5 釉红
25-70-55-0 长春色

纹样
Patterns

此壶壶身主体纹饰为缠枝牡丹纹，纹饰线条流畅，一气呵成。整体布局疏朗，主次分明。用各种重复性装饰纹分割整体，形成对比，营造出疏密有致的画面。

缠枝牡丹

以枝条为主线，粗枝生细枝，整体呈螺旋状地相互穿插纠合，花叶自然平均地分布于其间。以左右各一朵牡丹花为核心，营造延伸之感。

蕉叶纹

以芭蕉叶为原型，重复延伸，以纵向并排的方式起到分割区块的作用。

倒垂如意纹

如意为一种仿灵芝的饰品，本为云状，变形为斧钺状，寓意吉祥如意。

忍冬纹

以忍冬为原型，结合卷草造型，因连续重复而带有延年益寿之意。

莲瓣纹

以荷花花瓣为原型，并排排列，花瓣中画有祥云纹，这是一种祥纹。

缠枝灵芝纹

重复的灵芝纹首位相连，也属于祥纹。

回纹

以左右对称的回形纹重复，线条方正，与其他纹饰形成对比，起到平衡视觉的作用。

工艺
Handicraft Technology

此瓶的关键在于釉里红的运用，虽然其发色略显灰暗，这表明当时釉里红的烧制技术并未达到娴熟，但作为早期的釉里红瓷，其色彩均匀平整，这和其纯净的釉质不无关系。

釉里红

1300℃

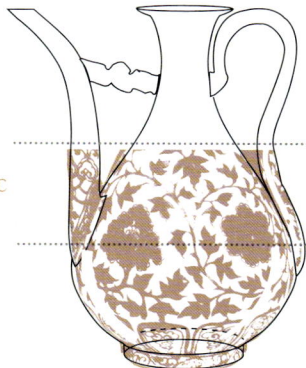

步骤①

素胎制作完成后，自然放置阴干。

步骤②

用釉里红料绘制纹饰在上，干后施透明釉，入窑以1300℃以上的高温烧制。

釉里红为氧化铜和碱式碳酸铜的混合料，原本为深绿色，在烧制过程发生氧化还原反应，析出的铜离子呈现砖红色。原料越纯，发色越鲜艳。

器型
Shape or Form

执壶的器型从酒瓶发展而来，为了更方便手持和倒酒，它增加了把手和壶流嘴部件，瓶身部分为玉壶春瓶样式。相较元代以前的执壶造型，此壶整体更显修长，壶身的线条也更清瘦。

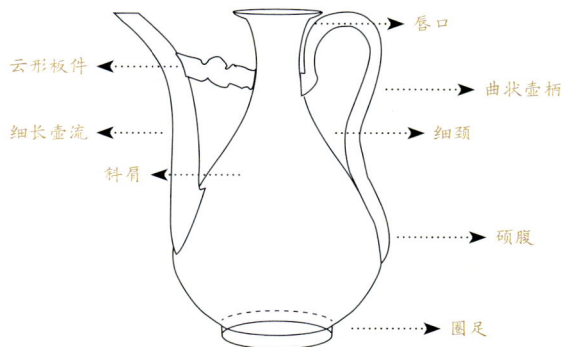

云形板件
细长壶流
斜肩
唇口
曲状壶柄
细颈
硕腹
圈足

黄地矾红彩海水云龙纹盖罐

● 玉海藏龙映矾红，黄云漫卷瑞气融。

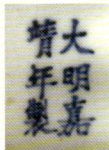

[大明嘉靖年制]款
[明]嘉靖（1522—1566）| 中国北京故宫博物院藏

1546年，嘉靖二十四年，地方官上奏荆楚之地出祥瑞，崇嘉靖皇帝对此感到非常高兴，命匠人制海水云龙纹罐，赏赐诸大臣，这件瓷罐便是其中之一。此罐外壁及盖面满画海水云龙纹，整体以黄釉铺地，图案轮廓及细部均用金彩勾描，背景用红釉填彩，构图饱满完整，黄红色块面积均匀，看起来非常喜庆。罐身部分画的五爪金龙升腾于山石海面之上，盘旋于祥云瑞草之间，威武矫健。

罐盖画有如意卷草纹，罐顶一桃形宝钮，无不体现出此罐美好、吉祥的寓意。

45-80-75-5　釉红
50-95-100-25　赭红
25-30-90-0　草黄

纹样 Patterns

罐身主要绘制了一幅海水云龙图，龙行龘龘，平行飞翔于海面上，身体呈S形摆动，张牙舞爪，在红色背景的衬托下，显得异常夺目。其余部分平均分布云朵、瑞草等纹饰，看上去琳琅满目。

→ 龙纹

→ 海水纹

海水云龙图

这幅海水云龙图是主体画面，龙的身形纤细，盘旋飞扬于海面上，穿行于云朵之中，海面上还有灵芝瑞草。在黄地上以金线勾勒纹饰轮廓后，空隙部分全部用红色填充，这是采用反填法让主体纹饰变得更加清晰。

卷草如意纹

卷曲盘旋的卷草纹饰呈流水状线性并排，顶部为如意，象征吉祥如意、长寿康年。

云朵纹

画面中的云朵都不一样，呈卷云朵状，相互重叠，为典型的祥云造型。

灵芝纹

典型的瑞草纹，寓意吉祥如意、心想事成。

工艺 Handicraft Technology

此罐的内部全部施青白釉，而外部全部用红、黄釉绘制纹饰。绘制此罐时，匠人采用了反填法，即不对主体纹饰轮廓填色，而将背景填色，以衬托主体纹饰，故而此法也叫"反衬法"。

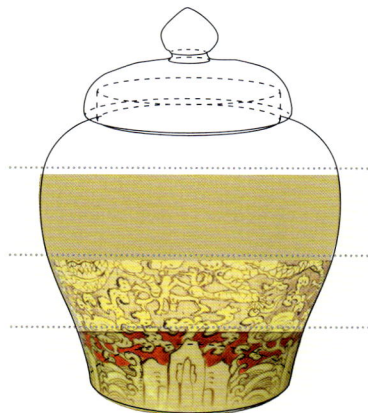

步骤①

素坯整体施青白釉后，入窑以1300℃的高温烧制定型。

步骤②

外壁整体用黄釉刷满，自然阴干。

步骤③

以泥金线勾勒海水云龙，以及云朵、瑞草等纹饰的轮廓。

步骤④

用红釉将纹饰间的空隙填满，入窑以1200℃以下的低温烧制。

器型 Shape or Form

此罐直口，短颈，丰肩，鼓腹，腹以下收敛，圈足。盖面中部凸起承宝珠形钮，盖口沿下弧收。罐盖可轻松取下，套合并不紧密，可见其实用性并不强。

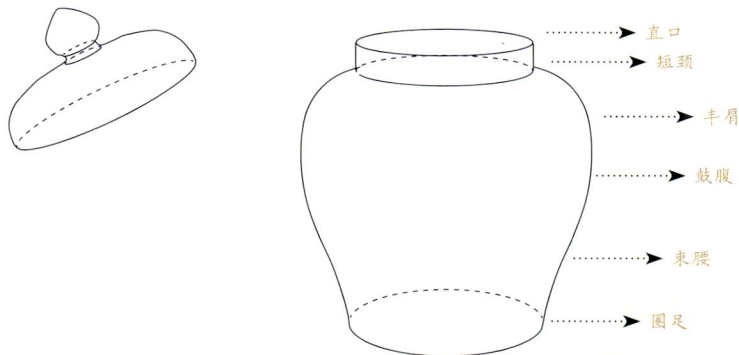

→ 直口
→ 短颈
→ 丰肩
→ 鼓腹
→ 束腰
→ 圈足

矾红彩甘藤纹水丞

● 史上最勤勉帝王的陪伴者，无数良夜挑灯工作的亲历者。

[大清雍正年制] 款
[清] 雍正 （1723—1735） | 中国北京故宫博物院藏

水丞是文房用品，主要用于盛放清水，便于加水研墨。这件水丞，是最勤勉的帝王雍正皇帝御用的，也是他日夜辛劳的见证者。雍正皇帝不重奢华，所以这件瓷器也体现了雍正时期瓷器的典型特征：朴素、娟秀，又不失优雅。这件水丞通体在白釉地上用矾红彩描绘缠枝甘藤纹，花纹虽不复杂，但细密清晰，小巧灵动，布局均衡，构图严谨，加上器型整体不大，更显得袖珍、精致。

纹样

此件瓷器表面的纹饰十分简单，且为重复延伸排列，器型虽小，但纹饰清晰，线条细密，体现出匠人高超的绘画水平。

甘藤纹

甘藤纹是清代较为流行的纹饰，同样有健康长寿、福寿绵延之意。

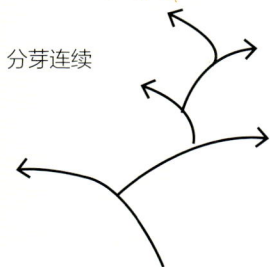

分芽连续

忍冬纹

甘藤纹由忍冬纹和卷草纹结合而来，采用分芽连续的方式，可以无限延伸。

器型
Shape or Form

这尊水盂整体呈葫芦形，口部内敛，束腰流畅，腹部圆润饱满并微微下垂，底部平稳坚实。其设计精巧，形态自然，极具东方古典韵味。

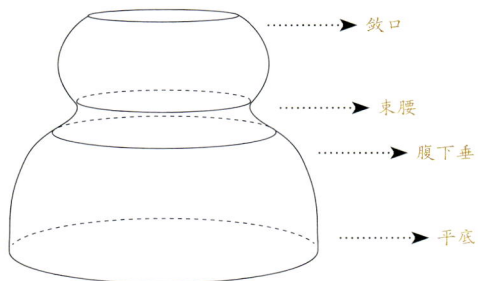

- 敛口
- 束腰
- 腹下垂
- 平底

工艺
Handicraft Technology

在水丞利坯时，使它在陶轮上匀速旋转，在它颈肩部以相同的方向施加相同的力，让这里自然收缩，从而形成葫芦状。再分别施白釉和矾红彩，分两次烧制，才能得到这件小而精致的瓷器。

步骤①

在素坯的基础上，通体施白釉，入窑以1300℃的高温烧制。

步骤②

出窑后上矾红彩，自然阴干后入窑以1200℃以下的低温烧制。

施力 施力 施力 施力

陶轮

将圆柱体形的瓷坯放置在陶轮上，旋转后以稳定的力施加在瓷坯中间偏上的位置，并逐渐收拢上下两端的形状。

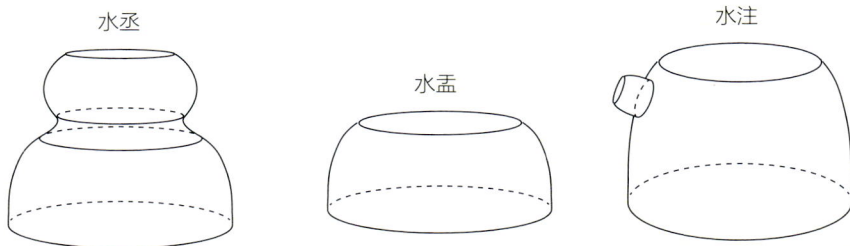

水丞

水盂

水注

水丞、水盂、水注的用途都一样，但造型不同，名称也不相同。水丞特指上下两头大，中间束腰的器型；水盂上小下大；水注有嘴，水从嘴流出。

白地矾红彩加金云龙纹胆式瓶

● 盘踞于瓶上的龙，是天子在俯瞰天下。

无款
[清]康熙 （1662—1722） | 中国北京故宫博物院藏

以红彩加金的方式装饰瓷器，在清代康熙时期非常盛行，这件胆式瓶便是典型例子。它保持了清代以来瓷器一贯的细腻温润，内外施白釉的同时，通透性极好，整体呈现出如脂如玉的效果。在纹饰上，四爪龙的样式主要流行于清代早期，而此瓶的龙纹却设计在了瓶肩处，附身向下，为云龙赶珠纹。龙的身体盘绕瓶颈一周，并与尾部相连，线条细腻流畅，烘托出龙的矫健凶猛，同时又因红中加金，更显贵气。

15-80-90-0	矾红
0-65-65-0	珊瑚朱
55-10-35-0	松石绿

纹样
Patterns

瓷器主体纹饰采用矾红彩加金绘制龙，因加入金，故而颜色偏橙红一些。瓶口和瓶底部分以环绕锦纹分隔开，中间空白处分散排列火焰纹。

龙纹

龙纹为四爪龙造型，细节线条繁缛细腻，龙形矫健凶猛。每一片鳞片都用矾红彩画出了浓淡变化。

火焰宝珠纹

螺旋状的宝珠以太阳为原型，四周散布火焰，寓意龙戏宝珠，睥睨天下。

火焰纹

火焰以有倾斜感的波感线条绘制，增强了其动感，每一组火焰纹由数个单独纹组成。

龟背锦纹

瓶口部分为六边形纹二方连续的龟背锦纹组成，每行六边形中以不同的小花纹填充。

蕉叶纹和三角纹

瓶口和瓶底都有环绕一周的蕉叶纹，上下形成呼应。三角纹为上下相对的间隔连续排列。

蕉叶纹　　　　三角纹

工艺
Handicraft Technology

此瓶内外施白釉，先经高温烧制出窑后，上二道釉绘制花纹，第一遍以矾红彩上色，第二遍用金色描线和添彩，使其整体呈现出熠熠生辉的效果。

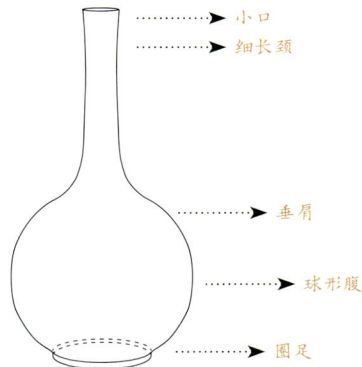

步骤①

素坯内外施白釉，入窑以1300℃的高温烧制后出窑。

步骤②

以矾红彩上二道釉，画出花纹的同时，表现出深浅变化。

步骤③

用赤金上色，复勾线条，覆盖矾红彩一层，入窑以低温烧制。

| 泥金 |
| 赤金 |

泥金主要为金和石矿的混合物，颜色偏冷。赤金为金和铜的混合物，颜色偏红。

器型
Shape or Form

此瓶整体为胆式瓶造型，但颈部极细极长，在实用功能上，做花瓶使用。插入梅花这类清瘦萧疏的花卉三两枝，别有一番韵味。

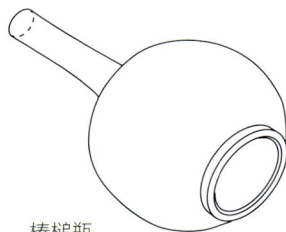

小口
细长颈
垂肩
球形腹
圈足

棒槌瓶

这种瓶颈极细极长，且瓶身如球形的器型，也被称为"棒槌瓶"。

73

同治款青花加紫海水八仙图碗

● 海水滔滔映青花，八仙踏浪舞霓裳。

治 大
年 清
製 同

[大清同治年制] 款
[清] 同治 （1862—1875）
中国北京故宫博物院藏

从清康熙时期开始，官窑所烧瓷器中就有大量八仙题材的作品。其中有两大类，一类是"八仙过海"题材，一类是"八仙迎寿"题材，也有两者相结合的，比如这件同治款青花加紫海水八仙图碗，这是一个在清代中期就形成的固定样式。碗内底中心画"寿星"，碗外壁满画"八仙过海"。而整体花纹分二色，海水以釉里红勾勒，人物及法器等用青花绘制。这两类题材的瓷器都是釉下彩，就可以一道烧成，这便于大批量地烧制出窑。八仙各用法器施展神通，渡海迎寿，人物惟妙惟肖，造型生动，在红色海水的衬托下，主次清晰，主题明了。

| 釉红 | 45-80-75-5 | 群青 | 95-70-0-25 |
| 海棠红 | 15-80-45-0 | 青花蓝 | 90-50-25-0 |

八仙是中国古代民间传说中的仙人，各朝代所列不同，基本到了明代以后，才定下如今我们所熟知的8位。

钟离权
原为东汉道士，头梳鬏髻，袒胸露乳，法器为芭蕉扇。

铁拐李
模样丑恶，铁拐跛足，背一药葫芦，浪迹江湖，行医治病。

蓝采和
本为唐末乞丐，为男子，常常女装打扮，手执花篮、锄头。

韩湘子
唐代书生，文学家韩愈族孙，手持长笛，风度翩翩。

曹国舅
北宋仁宗曹皇后之弟，头戴纱帽，持阴阳板，天性纯善，不喜富贵。

张果老
唐代道士，擅长法术，常背一道情筒，云游四方，宣唱道情，劝化世人。

吕洞宾
唐代道教丹鼎派祖师，道骨仙风，身负宝剑，擅长斩妖除魔。

何仙姑
八仙中唯一的女性，手捧莲花或锄耙，常为黎民众庶排忧解难，扶危济困。

工艺
Handicraft
Technology

此碗采用青花加釉里红的方式绘制花纹，两者皆为釉下彩，画好花纹后施透明釉一道烧成，红蓝结合处略微发紫，故而青花釉里红又名"青花加紫"。

青花　　　　釉里红

步骤①
用青花在素坯上绘制人物、法器、云纹等花纹。

步骤②
以釉里红绘制海水，再整体施透明釉，入窑以1300℃的高温烧制。

青花与釉里红有多种结合方式，另一种就是用其进行颜色混合，釉里红略带青花，则为早期瓷器中胭脂色的釉色。

器型
Shape or Form

此碗为浅碗器型，碗壁浅而弧度缓，类似茶盏，碗口大而底足小且略浅，碗壁薄而透，造型端庄大方。

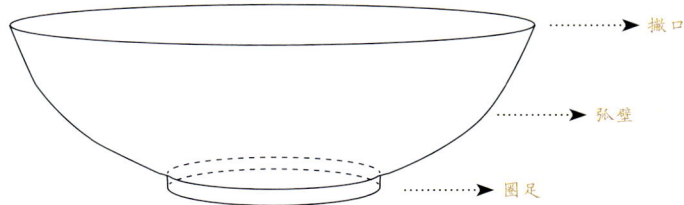

撇口
弧壁
圈足

五彩描金人物故事纹盘（一组）　英国大英博物馆馆藏

粉彩花鸟纹抱月瓶　英国大英博物馆藏

第三章

釉上作画，瓷上多彩

彩瓷的出现，真正将瓷器提升到了艺术的层次，这是一种将制瓷技艺和绘画技艺相结合的艺术形式，独步于世界，无可比拟。制瓷匠人们并不满足于瓷器上只有一种单调的颜色，于是在生产技术上不断地创新，使得瓷器上出现了各种各样的颜色，这些颜色可以让画作停留在瓷器上，从而让瓷器赏心悦目，多姿多彩。彩瓷的成熟大约是在明清时期，也正好在这一时期，中国绘画的成就达到了巅峰。匠人们会根据瓷器的器型、瓷土的类型，甚至是底釉的颜色，选择不同的画面绘制。中国瓷器从此进入一个更加绚丽多姿的艺术层次。

青花五彩花卉纹高足盘

[清] 康熙（1680—1720） | 英国 V&A 博物馆藏

为了将绘画与瓷器相结合，匠人们除了研制创烧出各种类型、各种颜色的色釉以外，更重要的是发明了针对不同色釉的烧制技艺。以这款清代康熙年间的青花五彩花卉纹高足盘为例，它的盘面纹饰先用墨线统一勾勒轮廓线条，然后用青花蓝填涂部分区域，再施以透明釉进行高温烧制以确定其烧成状态。接着使用绿、黄、红等颜色的色釉填涂其余部分，再入窑以低温烧制。尤其是高足上的矾红彩纹饰，为了保证烧制完全，绘制时用色要薄，且温度差异不超过100℃。这些无疑都体现出这件瓷器的制作难度，我们也能从它身上窥探到古代中国瓷器制作水平的高超。

三彩小盖罐

● 彩瓷的鼻祖，第一件五颜六色的瓷器。

无款
[唐]（618—907）| 英国 V&A 博物馆藏

从这件三彩小盖罐能看到彩瓷最早的模样。首先，这种唐代三彩在狭义上并不属于瓷器的范畴，而是一种陶器，因为它的烧制温度通常较低，这样一来，瓷土并不能形成完全玻璃质的凝化。它先用透明铅釉完整涂刷一遍后，入窑以1000℃烧制，出窑冷却后，分别施白、绿、棕3种颜色的色釉，再入窑以800℃烧制，方有这种绚烂的效果。这给后世提供了制作彩瓷的思路和经验。这种二次入窑烧制的方式前所未有，既保证了完整的器皿属性，也保留了色彩的绚丽多姿。

珍珠灰	10-10-15-0	棕绿	55-55-100-5
栗壳	55-80-100-35	竹青	60-35-70-0
丹色	0-60-80-10	藤黄	5-35-80-0
玄天	65-80-90-50		

纹样
Patterns

唐代三彩的颜色比较固定，通常为黄（棕）、绿、白3色，分别使用3种色釉依次施色。在施色时，采用滴釉、定釉的方式，让颜色自然垂落，形成随机斑驳的效果。

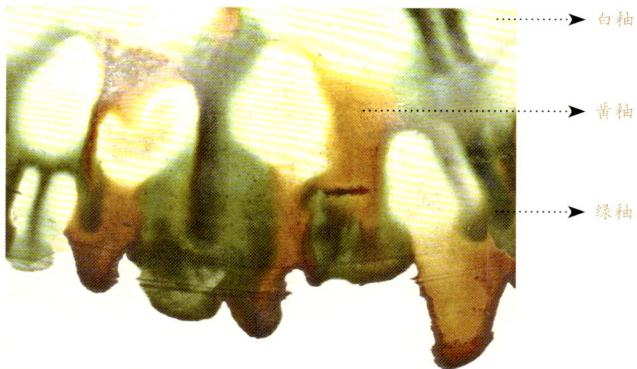

→ 白釉
→ 黄釉
→ 绿釉

此罐施釉时黄、绿、白3色有先后顺序，施釉量较大，釉依靠重力自然向下流淌。这样的花纹效果就是三彩瓷的滴釉效果。

器型
Shape or Form

此罐小巧可爱，造型简单朴素。整体呈球状，顶部有一小口，带盖，微微突出，盖顶有一凸起的圆形的扁平旋钮。

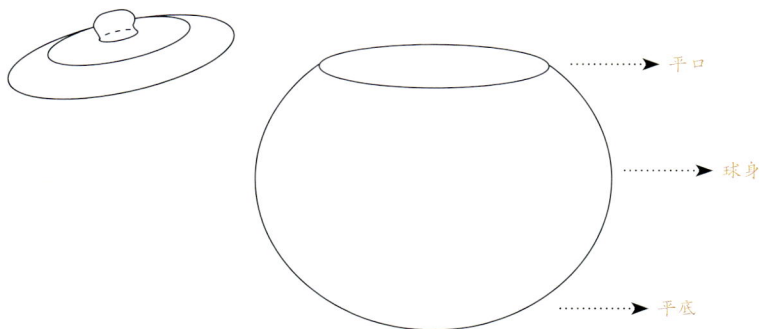

→ 平口
→ 球身
→ 平底

工艺
Handicraft Technology

在早期彩瓷的制作过程中，匠人需要考虑更多的并不是花纹的形状，而是如何保留花纹的颜色，这和制作工艺有极大的关系，比如施色釉的先后顺序、施釉的方式等。

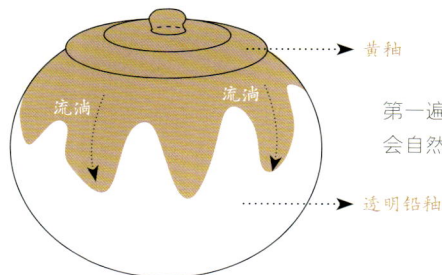

流淌 流淌
→ 黄釉
→ 透明铅釉

第一遍先施黄釉，从上而下将其倾倒在顶部，它会自然往下流淌。

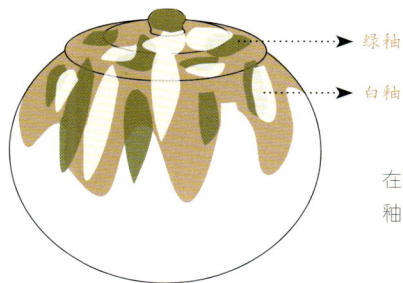

→ 绿釉
→ 白釉

在黄釉还未完全干时，用滴洒的方式施绿釉和白釉，三者会有一定的融合，并形成扩散感。

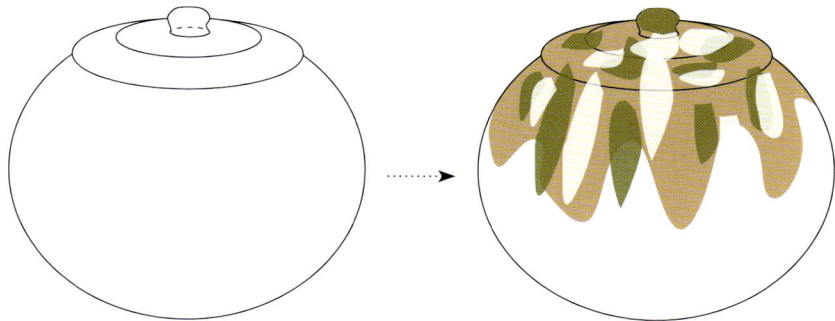

步骤①

在素坯上施透明铅釉，入窑以1000℃烧制，出窑后使其自然冷却。

步骤②

在其表面分别施黄、绿、白3种颜色的釉，再入窑以800℃烧制。

嘉靖款五彩鱼藻图盖罐

● 如果像鱼一样自由自在，定能活得更悠然洒脱吧！

[大明嘉靖年制] 款

[明] 嘉靖（1522—1566）| 中国北京故宫博物院藏

这件嘉靖款五彩鱼藻图盖罐被誉为嘉靖时期官窑青花五彩瓷器中的名品，现存仅10余件左右，其中带有原盖的更是凤毛麟角。嘉靖皇帝对鱼纹情有独钟，他曾经自号"天池钓叟"。此罐上的鱼藻图真切生动，每条鱼都个性鲜明，仿佛随时要跃出罐子。

90-50-25-0 青花蓝

60-95-100-5 枣皮红

60-2-55-0 大绿

5-65-90-0 橘红

4-20-70-0 蜜蜡黄

纹样
Patterns

此罐的纹样特征是描绘的8条鲤鱼鱼贯相连，采用通景画的方式展示，下衬蕉叶，上缀璎珞，搭配莲叶、水藻等纹样，寓意"富贵有余（鱼）""连（莲）年有余（鱼）"。

火焰宝珠纹
火焰宝珠纹是对燃烧的火焰进行艺术加工得来的纹样。这里4种颜色旋转围绕在珠纽上。

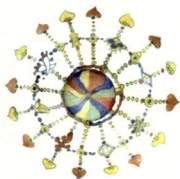

璎珞纹
璎珞是挂在脖子上用珠玉等穿成的装饰物，璎珞纹则是以璎珞为原型，绘制于瓷器的肩、颈部的辅助纹饰。

莲瓣纹
此莲瓣纹是经过图案化加工处理的，因此也叫变形莲瓣纹。每个花瓣内加绘了火焰。

鱼纹
鱼纹多是顺向追逐游动的，或单或双，或三五追逐，鱼水相融，是一种典型的瓷器纹样。

蕉叶纹
蕉叶纹是芭蕉树叶图案并列排布的装饰纹样，大多绘于瓶、罐、尊等瓷器的颈部和胫部。

工艺
Handicraft Technology

此罐是青花五彩，在烧制的时候结合了青花和五彩两种技法。其中橘红色鲤鱼是在黄彩上涂红彩烧制而成的，俗称"黄上红"，寓意皇帝洪福齐天。

第一层上色：青花
第二层上色：黄釉
第三层上色：矾红釉
圆足露胎

步骤①
用回青描画局部图案，然后上透明釉，施釉后经1300℃左右的高温烧制。

步骤②
在釉上以黄彩描绘剩余图案，用1100℃继续烧制。

步骤③
在需要烧制为橘红色的图案部分加上矾红，以900℃烧制，就能得到颜色明亮的橘红色鲤鱼。

器型
Shape or Form

此罐是明代皇家生产的实用器，通常用以储存食物，盖子可以隔绝空气和灰尘。其造型圆润饱满，形体高大，罐腹圆润可容纳更多物品。

桃形球纽
罩形

唇口
短颈
丰肩
圆腹
腹下渐收
圆足内凹

蓝地刻花三彩人物图罐

● 浓郁厚重的色彩，描绘最好的友情。

无款
[明] 嘉靖（1522—1566）| 中国北京故宫博物院藏

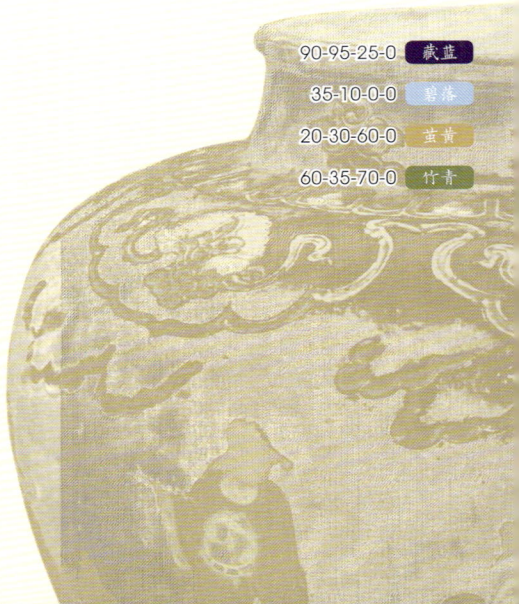

宫殿的红砖绿瓦给了制瓷匠人灵感，创造出了"珐花瓷"，这是一个在琉璃的基础上发展起来的二次烧成的低温釉陶器。珐华瓷以牙硝为助熔剂，施釉方法亦非常有特色，它将彩画中的沥粉技术运用到陶瓷上，再分别加入黄、绿、紫3色釉料，填出底子和花纹色彩，再入窑烧成。正如这件蓝地刻花三彩人物图罐，以紫色为底，以孔雀蓝填入部分纹样，如衣饰、花草、树木等，而其他部分则根据画面的明暗变化任其露出胎体本色，该"三彩"实为"二彩"，外借胎色，体现了制作者独具匠心的设计。

纹样
Patterns

此罐以蓝紫色为地，纹样主要描绘的是朋友相约出行的生活场景，场景之间穿插树木、花草、山石和云纹，安排疏朗有致，呈现出一派鸟语花香、云雾缭绕的景象。

友人　　　　　　　　　　　　　　童子

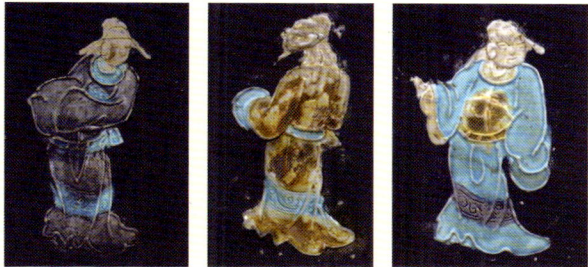

会友图纹

会友图中共有5人，其中衣冠楚楚的3位才子互为朋友，相约出行。另有2名宽袍束双髻的童子，一人持扇，一人抱琴。

莲瓣卷云纹

肩部的莲瓣纹呈垂肩状，莲瓣中央内套小莲花、莲叶和云纹。

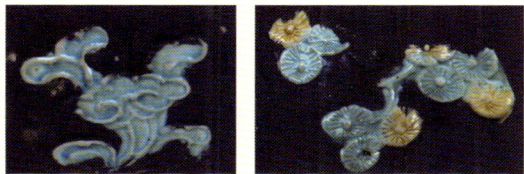

瑞草、松树纹

整个场景各处都穿插着各类植物纹样，它们采用刻花的技巧，以出筋的方式表现轮廓。

朵云纹

整个罐颈部以朵云纹为饰，颜色交替分布，围绕罐颈一圈。与卷云纹不同的是，它用出筋的刻花表示轮廓，且内部以色釉填充。

工艺
Handicraft Technology

此罐采用了"珐华瓷"的工艺，由琉璃制作工艺发展而来，多用于寺庙佛像的烧制，后运用到瓷器上。它工序繁杂，用泥条圈出凸线的纹样轮廓，再分别以色料填出底子和花纹色彩。

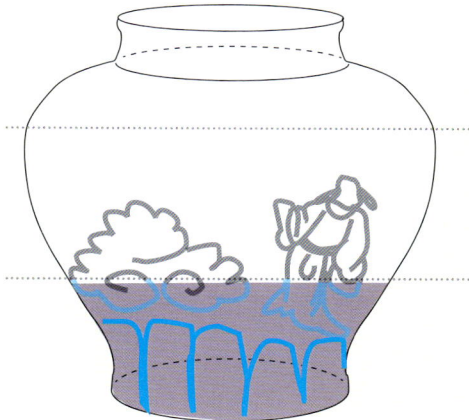

步骤①

瓷土含有铜元素，所以瓷坯比较厚重，并且带有酱黄色感。上完瓷土后，素烧成型。

步骤②

内部填绿釉。外壁用特制带管的泥浆，一点点圈出带立体感的纹样轮廓。

步骤③

采用彩画技术中的沥粉方法，以紫色为底，以孔雀蓝填入部分纹样，再入窑烧制。

器型
Shape or Form

此罐直颈，鼓腹，平底，造型与明代中期瓷罐的造型几乎一致，大而厚重，端庄饱满。

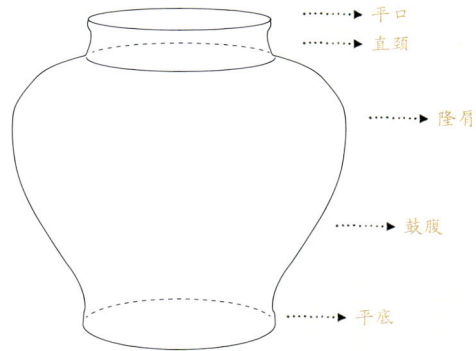

平口
直颈
隆肩
鼓腹
平底

雍正款黄地绿彩海水白鹤纹碗

● 帝王专用碗，吃了一碗还想要一碗。

[大清雍正年制]款

[清]雍正（1723—1735）| 中国北京故宫博物院藏

这件雍正款黄地绿彩海水白鹤纹碗是典型的以黄釉为地，加以绿彩的瓷器。它采用低温釉彩二次烧成技术，先以素坯施透明釉烧制成型后，再用黄釉满铺地，绿彩画海水、祥云和山石，白釉画仙鹤。所绘图案笔法细腻，生动传神，不仅展现出官窑匠人高超的制瓷水平，也反映出画师绝妙的绘画功力。同时也展现出这类官窑瓷器不计工本、刻意求精的制作特点，周身完美，毫无瑕疵。

10-15-75-0 缃叶
85-35-65-0 石绿
0-0-0-100 黑
5-5-5-0 铅白
15-100-100-0 猩红

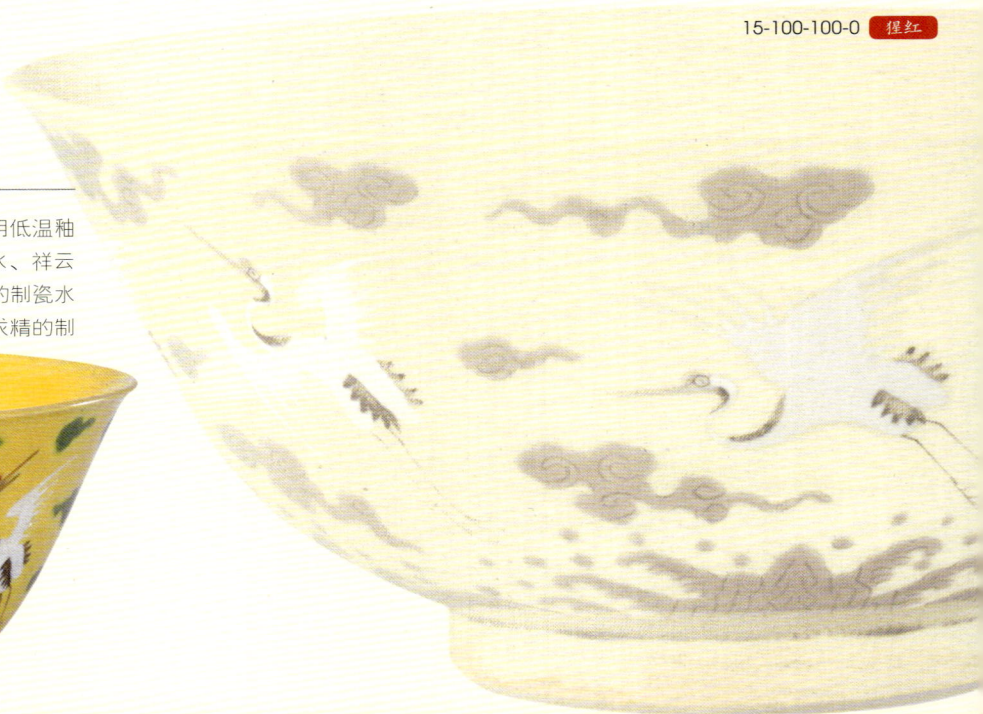

86

纹样
Patterns

此碗通体施黄釉，然后锥刻海水、祥云、山石与仙鹤图案，以绿彩填饰海水和祥云，这使得绿彩部分的纹饰富有层次感，同时也显得更加厚重饱满。最后以白、黑、红彩绘仙鹤，黄地绿彩衬托仙鹤的飘逸，形成强烈对比。

鹤纹

此碗共画有6只仙鹤，每只的造型各不相同，或回首盼飞，或昂首振翅，或俯首低喉，或振翅欲飞。仙鹤寓意长寿，常与其他物象组成象征延年益寿的组合，例如鹤海水组合，便有"海屋添筹"的含义，为清代瓷器上常见的吉祥图案。

祥云纹

祥云纹先用锥刻的方式刻出轮廓，整体呈卷云状，带有一尾，然后用绿釉填色，这样一来，祥云纹的内部看上去更加突出、饱满。

海水山石纹

海水山石纹同样用锥刻的方式刻出轮廓，再填绿釉。海水纹为螺状曲线重叠而成，上有山石，海水与山石相撞，迸射出浪花。

工艺和器型
Technology&Shape or Form

此碗采用低温釉彩二次烧成技术，虽然工序烦琐，但能使瓷器保持良好的属性，同时能让各种色釉鲜艳饱满。在烧制过程中，需要时刻注意温度与氧气含量的变化。

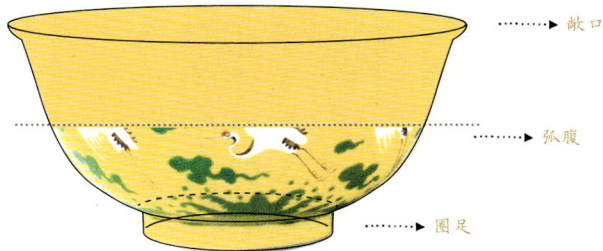

敞口

弧腹

圈足

步骤①

为素坯施透明釉，入窑以1300℃烧制，出窑冷却后，先整体施黄釉，并自然风干。

步骤②

锥刻花纹，直至露胎，并以绿釉填祥云海水纹，黑、白、红彩画鹤纹，入窑以800℃烧制。

五彩龙凤穿花纹碗

● 双龙祥凤穿花去，唯留芳香满人间。

[大清康熙年制] 款
[清] 康熙 （1662—1722）| 中国北京故宫博物院藏

大清康熙年制

龙凤穿花纹碗这一纹饰体例，从清代康熙年间开始创烧，因造型端庄、纹饰美观又寓意吉祥，成为清代官窑的传统品种，并形成了固定样式，清各代均有烧制。这件五彩龙凤穿花纹碗，器外口沿下以八宝纹、如意云头纹作为边饰。腹部绘龙凤穿花纹两组，龙一红一绿，其旁衬以菊花、芙蓉，五彩浓艳，画面奔放，展示"龙凤呈祥"之意。整体布局严谨，疏朗有致，从中可以看出龙凤穿花纹碗成为清代官窑瓷器定式的原因。

90-50-25-0	青花蓝
15-15-24-0	窑合色
5-65-90-0	橘红
15-80-90-0	矾红
55-10-35-0	松石绿
0-65-65-0	珊瑚末

纹样
Patterns

碗外壁主要绘制了两组龙凤，其中龙纹为皇家御用的五爪龙纹，一绿一红。凤纹为细颈凤纹，两凤相同，倒立俯飞。它们穿过由菊花、桔梗、栀子、芙蓉等花卉组成的花阵，踏花留香，献花呈福，表现出"龙凤呈祥"之寓意。碗口沿下方为八宝纹和如意云头纹串联组成的圈饰，这使得纹饰整体更显吉祥。

龙纹

龙纹一绿一红，两者造型一致，绿龙以绿釉填色，红龙以矾红填色。造型舒展，四周有火焰环身，前足张开，后足蹬踏，更显挺拔之势。

凤纹

两凤造型几乎一致，皆是倒立附飞的姿态，分别用红、绿、蓝3色釉绘制，尾部分散呈流线型，如火焰般。

菊花　　桔梗　　栀子

花纹

碗壁画有菊花、桔梗、栀子等各类花卉纹，都采用勾线填色的方式表现，枝条穿插纠缠，形成花阵。

莲花　　白盖　　宝伞　　法螺

法轮　　盘长结　　金鱼　　宝瓶

八宝纹

八宝纹是一种典型的含有宗教意义的瓷器装饰纹样，以8种吉祥图案为题材，这8种图案为佛家的各类法器，代表佛教智慧与力量，赐人以福祉。

器型
Shape or Form

该碗敞口，弧形深腹，圈足。器型端庄秀雅，稳重大方，整体更偏康熙晚期的造型，其腹较深，圈足稍高，接近折腰碗的造型。

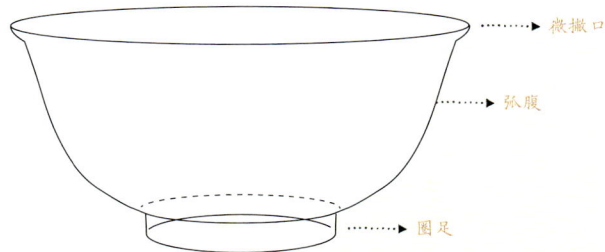

微撇口

弧腹

圈足

青花加矾红彩海水龙纹碗

● 红海出青龙，正是盛世的象征！

无款
[明]正统（1436—1449）| 中国北京故宫博物院藏

90-50-25-0　青花蓝
100-85-40-20　帝释青
35-100-100-0　土朱
15-80-90-0　矾红

明代早期瓷器中，青花与矾红彩相结合，是当时的一种新的装饰工艺，两种色彩相互辉映，对比鲜明。正如这件青花加矾红彩海水龙纹碗，青花稳重内敛，烧制技术成熟，矾红彩鲜艳温润，施彩时深浅分用，表现出了纹饰的立体效果。青花蟠龙虽不甚清晰，但依然能看到其姿态张扬，十分威风。鲜红海水波涛汹涌，动感十足。并且青花为釉下彩，矾红彩为釉上彩，在当时技术还不甚发达的时期，这种将高温釉与低温釉结合的二次烧成技术，展现了制瓷工艺的先进性和创新性，也为明代后期，乃至清代彩瓷的烧制提供了很好的范本。

纹样
Patterns

瓷碗内壁施白釉，内口沿画两周青花弦纹。外壁绘海水蛟龙纹，外口沿下绘回纹，腹部绘9条蛟龙翻腾于浪花间。海水纹用矾红彩施釉，龙纹用青花绘制。

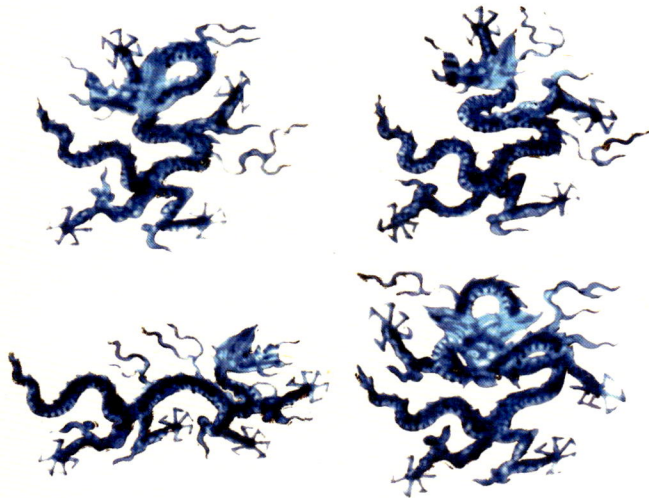

蛟龙纹
蛟龙纹用青花绘制，造型各异，蛟龙整体呈S形，四肢舒展，张牙舞爪。因为所用青花较为浓郁厚重，所以纹饰细节已不太清晰。

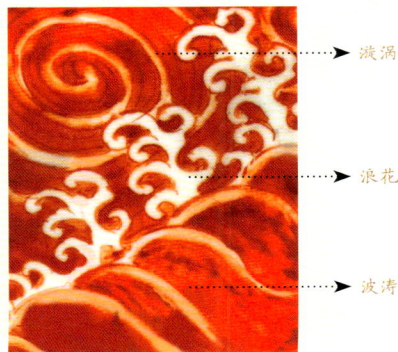

漩涡

浪花

波涛

海水纹
海水纹用矾红彩绘制，整体以S形波涛纹为主，其间穿插螺旋状漩涡。波涛之上，采用勾边留白的方式表示浪花。

回纹
用青花勾勒单线双回纹，并用二方连续的方式使其围绕碗口沿一周。

工艺
Handicraft Technology

此碗采用先烧制高温青花釉，再烧制低温矾红彩的二次烧成技术，这为后期的彩瓷制作奠定了技术基础，打开了多种色釉结合的思路。

步骤①
在素坯上以青花画蛟龙纹及回纹等，再施透明釉，然后入窑以1300℃的高温烧制。

步骤②
出窑后的矾红彩釉绘制海水纹，再入窑以800℃的低温烧制。

矾红彩釉的烧制温度不能超过1000℃，否则就会丢失红色，因为其中的氧化铁会还原为过多铁元素，从而变成黑灰色。

器型
Shape or Form

此碗为金钟碗造型，与其他碗相比，最大的特点就是直径较小，形同金钟。这种碗一般作为礼器，用于在祭祀场合盛放谷物。

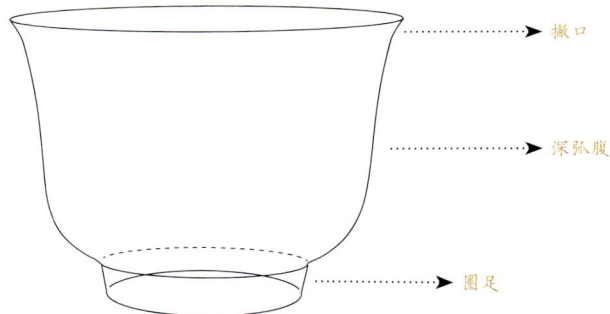

撇口

深弧腹

圈足

万历款五彩海水云龙纹六棱蟋蟀罐

● 京城的纨绔子弟们几乎人手一个。

[大明万历年制]款
[明]万历（1573—1620）| 中国北京故宫博物院藏

万历朝御窑的五彩瓷器，造型、纹样繁多，花纹布局更趋繁密，用笔更显豪放不羁、朴实稚拙。正如这件蟋蟀罐，它采用釉下青花做局部勾勒，造型上用了比较新颖的六棱柱造型，每个棱柱面具有独立的装饰纹样，以蟠龙为主，题材为龙戏珠，蟠龙下方波涛汹涌，四周布满五彩祥云。每两幅纹饰画面间以青花蓝弦纹分割，这是早期开光装饰的雏形。这件蟋蟀罐不仅有较高的艺术价值，也反映出明代中叶以后商品经济迅猛发展，商业空前繁荣，奢靡之风浸淫市井，从上层到民间均讲求追奇猎妍的社会风貌。

青花蓝	90-50-25-0	窑合色	15-15-24-0
帝释青	100-85-40-20	螺色	30-10-25-0
枣皮红	60-95-100-5	松石绿	55-10-35-0
矾红	15-80-90-0	牙色	10-15-35-0

纹样 Patterns

此罐的外壁以青花蓝弦纹分割出六棱面，采用类似开光装饰的形式，每一面绘制一组龙戏珠纹饰，龙纹分别用青花蓝和矾红交替填色，交替出现的纹饰造型、用色完全相同。

龙珠纹

龙珠纹呈圆形，中间为螺旋状线条，四周散布火焰。线条倾斜，有动感。

海水纹

用曲线以叠鳞的方式重复勾勒，形成海水纹，相接处迸射出爪形浪花，激射出圆形水滴，给人波涛汹涌、海水澎湃之感。

龙纹

两种龙纹，一种俯身，一种昂首，主要用青花蓝和矾红两种色釉绘制，S形的龙身舒展，四肢铺展，整体造型古拙，但并不严谨。

五彩祥云纹

如晚霞般的祥云，分别用红、蓝、绿、黄4种色釉绘制。

工艺 Handicraft Technology

此罐采用釉下青花做局部勾勒，再分别按照顺序施黄、红、绿釉等。只有严格控制每种色釉的烧制温度，才能让最终呈现的色彩浓郁厚重。

步骤①

在素坯上施青花釉，再施透明釉，入窑以1300℃的高温烧制。

步骤②

出窑冷却后，施黄釉，黄釉需以1100℃～1200℃烧制。

步骤③

出窑后再施红、绿釉，入窑以1000℃以下的低温烧制。

此罐经过3次入窑烧制而成，这样的方法叫作"三次烧成技术"。

器型 Shape or Form

此罐的作用是为蟋蟀争斗提供场地，内部的棱柱造型是为了便于开斗前用挡板分隔蟋蟀，同时6条棱柱可将内部分为6个区域，也就是说此罐最多可容纳6只蟋蟀争斗。本有盖，已佚失。

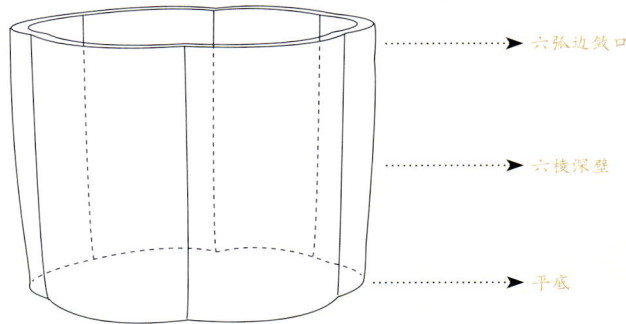

六弧边敞口

六棱深壁

平底

五彩水浒人物故事盘

● 欧洲人评价这是绘制中国"罗宾汉"的盘子。

95-70-0-25	群青	10-15-35-0	牙色	0-0-0-100	黑
90-50-25-0	青花蓝	55-10-35-0	松石绿	15-80-90-0	矾红

[问心斋]款
[清]康熙（1662—1722）| 英国 V&A 博物馆藏

瓷器远销至西方，并不只是实现了工艺和艺术的传播，同时也实现了文化的传播。正如这4件由西方传教士委托景德镇问心斋制瓷匠人孙冲制作的白釉五彩盘，被要求绘制上水浒人物。白釉纯洁无瑕，造型古朴端庄。虽然没有画任何背景，但人物的绘制非常细致，孙冲对人物特征的把握及细节的刻画都做到了极致，这展现了他非常高超的瓷器制作和绘画水平。

纹样
Patterns

这套水浒人物故事盘共4件（或有更多，或已佚失），每件中绘有3位水浒人物，不画背景，3个人左一右二，形成三角构图，人物的姿态动作展现出较强的故事感。

林冲棒打洪教头

左侧为洪教头，手持双刀；右侧着员外服饰者是小旋风柴进；中间为豹子头林冲。画面展现的是林冲棒打洪教头的场景。

顾大嫂登州救二解

四盘中唯一标写名字的，左侧为两头蛇解珍；右侧为母大虫顾大嫂，她是解珍的表姐；中间为青面兽杨志。

智取生辰纲

左侧为白日鼠白胜，中间为智多星吴用，右侧为托塔天王晁盖。画面展现的是智取生辰纲的名场面。

三打祝家庄

左侧为一丈青扈三娘，中间为攻打祝家庄被擒的霹雳火秦明，右侧为被扈三娘所擒的矮脚虎王英。

工艺
Handicraft Technology

这套瓷盘的主要成就在于其内部人物的绘制，匠人有着高超的绘画功力，需要在极小的范围内、光滑的瓷面上，用极细的线条勾勒精微的细节。

步骤①

用酱釉和青花结合的色釉，用极细的线条先将人物的轮廓等全部勾勒出来，然后入窑以1100℃烧制定型。

步骤②

取出后，用蓝、绿、红等色釉逐步填色，再入窑以800℃的低温烧制。

器型
Shape or Form

这套瓷盘敞口浅腹，造型同清代同时期的圆盘一般无二，圈足略高，弧壁略有弯折感。

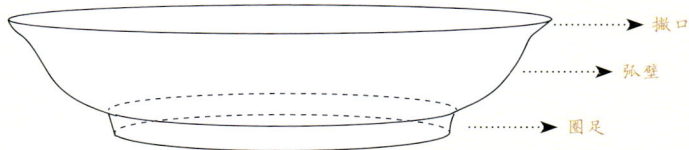

撇口

弧壁

圈足

五彩开窗花鸟纹方瓶

● 如同欣赏画册一样欣赏一个花瓶。

此瓶制作于清代康熙年间的景德镇民窑，相较于官窑的严谨，民窑瓷器更显天马行空。首先，造型上它用了非常新颖的方瓶结构，充分展现了其侧面的开光画面；其次，纹饰上一改清前期简明素雅的风格，采用了繁复细密的纹饰，衬托表面共14幅开光画面，让整个花瓶充满奢华感。

无款｜［清］康熙（1662—1722）｜英国 V&A 博物馆藏

95-70-0-25 群青
90-95-25-0 藏蓝
90-50-25-0 青花蓝
55-10-35-0 松石绿
80-40-60-0 青暇
0-65-65-0 珊瑚末
4-20-70-0 蜜蜡黄

纹样
Patterns

此瓶周身采用绿釉地蔓卷纹作为背景，颈部2处开光，四方瓶身每侧3处开光。开光处绘制山水、花鸟以及清供图等，深绿色的背景直截了当地衬托出开光画面。

菩提叶形开光 侧面2处菩提叶形开光，内部绘制折枝花鸟图，一幅为"红叶小鸟"，一幅为"春鸟鸣柳"。

镜心形开光 2处圆形，为镜心开光，内部绘制青绿山水图，山水采用平远构图法，意境深远。

仕女扇形开光 瓶身上共4处仕女扇形开光，2处内部绘制鳞介题材。一幅为红鲤，寓意"开光红利"；一幅为鳜鱼，寓意"富贵有余"；另两幅为文房清供题材。

斗方形开光 瓶身共4处斗方形开光，内部都画的是典型的花鸟题材。

工艺
Handicraft Technology

此瓶采用低温釉制作工艺，分3次上釉入窑烧制，才制作完成。

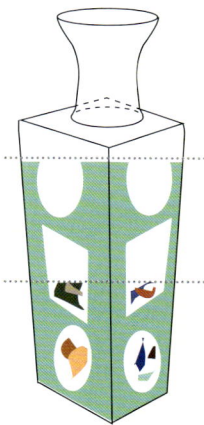

步骤① 施透明釉，入窑以高温烧制确定瓷性。

步骤② 出窑后施绿釉，留出开光位置，绿釉上用黑色釉勾蔓卷纹。

步骤③ 用蓝、绿、黄、红等色釉绘制开光画面，入窑以800℃的低温烧制。

器型
Shape or Form

此瓶颈部如圆柱形倒斗，坐于四方形瓶身上，瓶身上大下小，造型新颖。

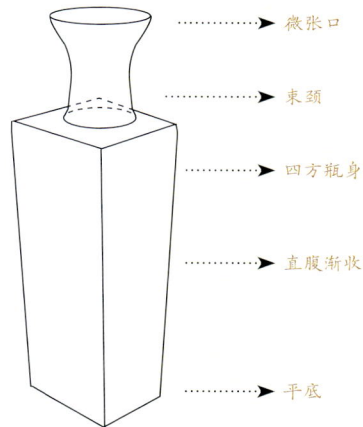

- 微张口
- 束颈
- 四方瓶身
- 直腹渐收
- 平底

素三彩梅花纹盘

● 蛱蝶寻香而来，只为找寻那绿地梅花。

[琼] 字款
[清] 康熙 （1662—1722） | 韩国国立中央博物馆藏

所谓素三彩，特指只用黄、绿和茄紫三色釉制作的瓷器，它因为一些特点和缺陷，基本只在明代中期到清代早期烧制。这件清代早期的素三彩梅花纹盘，据考证，出自一位名叫"琼"的景德镇民窑匠人。他采用浓郁厚重的绿釉来内外满铺，以衬托白梅，因绿釉太过浓厚，所以显得有些厚薄不均。白梅洁白，吸引来两三只蛱蝶，用茄紫和黄色填色。但因为时代局限，紫色的呈色发灰，这便是所谓的"姹紫"。但这些缺点并不妨碍这件具有时代特征的瓷器成为值得欣赏的作品，它色彩浓郁，对比强烈，很好地呈现了作品的主题。尤其是盘外壁的一枝写意墨竹，用笔潇洒狂放，与盘内的快意笔触相得益彰。

55-10-35-0 松石绿　85-30-100-0 绿沈　10-20-0-20 紫藤色

80-40-60-0 青腹　10-15-35-0 牙色　5-5-40-0 女贞黄

纹样
Patterns

此盘内部以梅花为主题，完整地绘制了一幅白梅蛱蝶图。白梅枝干冷峻，生于丛石之间，梅花繁盛，吸引来几只蛱蝶。画面构图饱满，对比强烈。

白梅

梅花采用双勾的方式绘制，花蕊用黄色点缀，花瓣部分整体留白，全部依靠外部的绿釉衬托。

丛石

丛石只勾轮廓，不皴不染，只进行填色，造型简练，与梅花的繁茂形成对比。

蛱蝶

以双勾的方式绘制蛱蝶，寥寥几笔便勾勒出蛱蝶翻飞的姿态。

写意墨竹

盘外壁用黑色釉直接绘制了一枝写意墨竹，颜色富有深浅变化，更难能可贵的是其完全一笔绘之，不添笔复笔，不经修改，从中能感受到画师拥有高超的画技。

工艺
Handicraft Technology

素三彩同样属于低温釉瓷器，需要经过素坯高温定性后，再施釉绘制，最后再入窑以低温烧制。这件瓷盘施釉较厚，所以低温烧制的时间会更长一些。

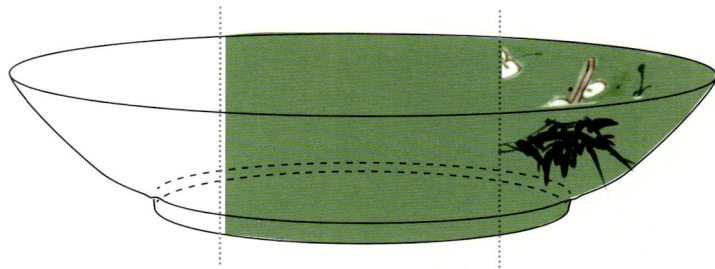

步骤①

素坯施透明釉，入窑以1300℃的高温烧制定性。

步骤②

内外皆施绿色釉，然后待自然风干。

步骤③

在绿色釉上使用黄、白、紫色釉绘制，入窑以800℃烧制。

早期受原料限制，紫色釉无法呈现出鲜艳的紫色，只能呈现出一种酱紫色，人们称其为"差紫"，意为不合格的紫色，后美化为"姹紫"。这是古代瓷器较为典型的特征。

器型
Shape or Form

此盘虽与当时的瓷盘器型类似，但口大而腹浅，为弧壁，圈足较大，与官窑瓷盘略有区别，展现出民窑瓷器器型的随意性。

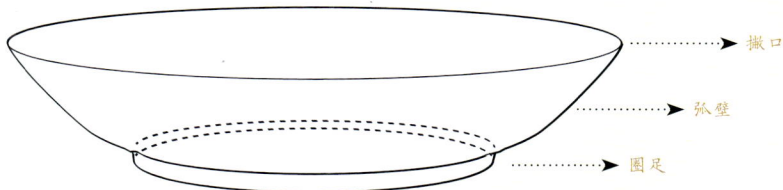

撇口

弧壁

圈足

青花五彩花卉纹盖罐

● 这个罐子证明了中国制瓷匠人从模仿到创造的全过程。

无款

[清] 康熙 （1662—1722） | 英国 V&A 博物馆藏

90-50-25-0	青花蓝	15-80-90-0	矾红
100-85-40-20	常释青	5-65-90-0	橘红
55-10-35-0	松石绿	15-20-60-0	金色
		5-5-40-0	女贞黄

在明清交际的动乱时期，欧洲人无法从中国获得瓷器，便将目光转向日本。从日本伊万里港出口欧洲的瓷器，在白色釉面上以红色和蓝色釉料装饰，纹饰繁密，色彩明艳，深受欧洲人欢迎，被称为"伊万里瓷"。后来中国社会局势稳定后，景德镇开始学习日本的制瓷技术，结合传统的工艺，发展出"伊万里风格"瓷器，被称为"万里五彩"，很快便将丢失的欧洲市场抢了回来。这件青花五彩花卉纹盖罐便是康熙时期开始创烧的伊万里风格瓷器，它在釉下青花的基础上以红、酱釉装饰，颜色更薄、更明亮。

纹样
Patterns

此罐纹饰分为4部分。两组花卉纹，两组几何化的菊花团纹，都分布于罐身和罐盖的相接处，几乎将罐子整体包裹起来。花卉纹采用传统工笔画法，几何纹有波斯细密画风格。

几何菊花团纹

该纹饰由菊花变形而来，分为一个红蓝交替的十六分团花纹，中间勾勒卷草和菊花叶纹，线条繁密，精致细腻。

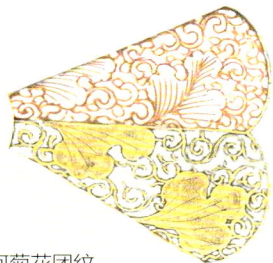

牡丹纹

两朵盛开的牡丹长于柔软的枝头，花苞穿插于枝间，叶片以青花釉和松绿釉填色，寓意花开富贵。

萱草纹

萱草的叶片同样以青花釉和松绿釉填之，两朵盛开的萱花穿插其间。萱草又名无忧草，代表快乐、幸福。

工艺
Handicraft Technology

伊万里风格瓷器制作工序繁复，分为初烧、施青、施彩、描金等步骤；花纹精致美观，多采用工笔画法绘制，强调用极细的线条勾勒轮廓，染色不差分毫。

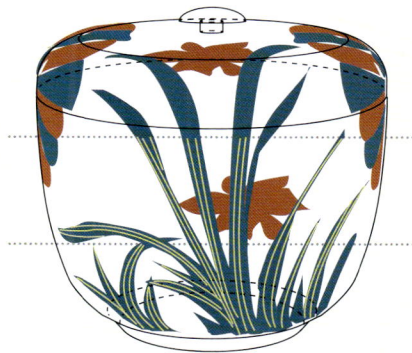

步骤①

将釉下青料与釉上红料结合，二次烧成，这与五彩瓷的制作一样。

步骤②

金融化后与汞融合，用这样的金汞液勾勒金线。

步骤③

入窑以800℃烧制，汞挥发后，金线牢固地留在色釉上。

器型
Shape or Form

这件瓷器为迎合欧洲市场的零食罐或食材罐造型，属于贵族用瓷。饱满的罐身能容纳更多物体，罐盖侧面略弧，顶部有一旋钮。

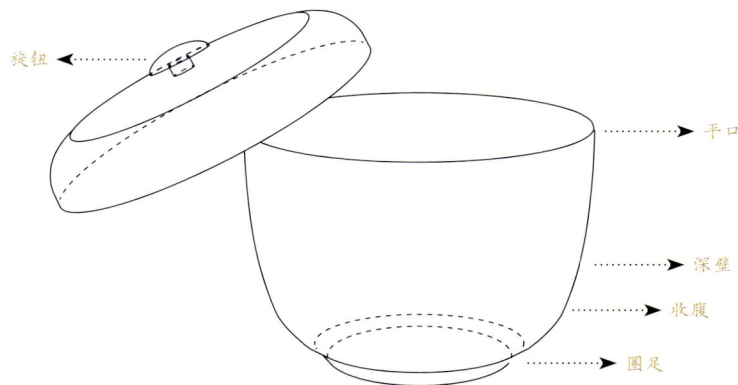

旋钮

平口

深壁

收腹

圈足

青花五彩"大吉"花卉纹葫芦瓶

● 这样的瓶子，一看就吉利。

无款 ｜［清］康熙（1662—1722）｜中国北京故宫博物院藏

葫芦瓶是一种具有典型中国审美的器型，它不仅是传说中仙人的法器，也象征着福寿无量，仙缘祥瑞。同时，葫芦绵延蔓生的瓜藤叶蔓，也代表着子孙兴旺。这件清代官窑青花五彩"大吉"花卉纹葫芦瓶，采用釉下青花结合釉上五彩的施釉方式，瓶身铺满瓜藤纹，大葫芦器型中又有小葫芦图案，中间写"大吉"二字，青花色彩均匀、通透，鲜艳光亮。它寓意吉祥、造型优美，代表了清代官窑的高超水平。

青花蓝 90-50-25-0
松石绿 55-10-35-0
枣皮红 60-95-100-5
女贞黄 5-5-40-0

纹样
Patterns

此瓶由瓶口的变形莲瓣纹和中间束腰的卷草纹分割，两个大块区域完全由葫芦藤蔓纹平铺。瓜藤蔓延铺展，其间穿插火焰、盘长结、五彩祥云等纹饰，瓜藤间生长叶片以及葫芦。

火焰纹

瓜藤之间穿插的五彩火焰纹，曲线造型。

磬纹

磬是古代的打击乐器，形状像曲尺，与红绳结合，寓意吉祥幸运。

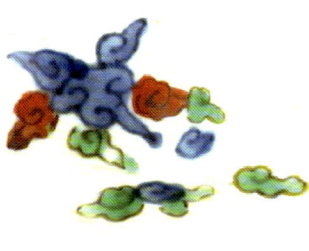

五彩祥云纹

五彩祥云纹为典型的吉祥纹饰，由螺旋状曲线组合成朵云状。

葫芦藤蔓纹

葫芦叶下方生出葫芦，下方还缀有瓜蒂。葫芦用青花衬底，矾红勾边，中间书写"大吉"二字。叶片四周生长出绵延的瓜藤，瓜藤如卷草状，寓意子孙兴旺、大吉大利。

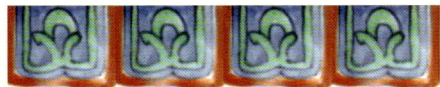

变形莲瓣纹

莲瓣变形为方形，青花衬底，矾红勾边，中间以绿彩绘制的二指夹门纹代表"不二法门"。

卷草纹

红色衬底，青花卷草，弯曲的主茎上下交替，生出卷曲分枝。

工艺
Handicraft Technology

此瓶以釉下青花与釉上五彩结合的方式，采用三次烧成技术。烧制过程中严格控制温度，以保证五彩良好发色。

步骤①

在素坯上绘制青花，施透明釉后以1300℃的高温烧制。

步骤②

取出后先施黄釉，入窑短时间以1100℃烧制。

步骤③

着红、绿釉，入窑以800℃的低温烧制。

器型
Shape or Form

此瓶模拟葫芦造型，上小下大，瓶口直长，中间束腰，为帝王盛放丹药的专用器型。

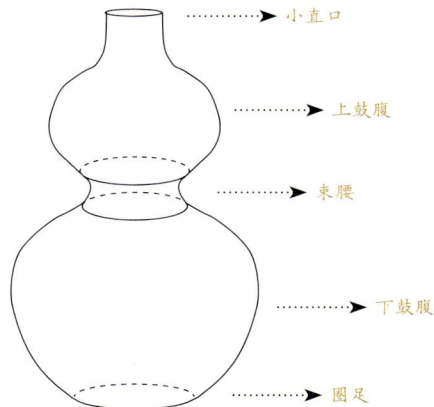

- 小直口
- 上鼓腹
- 束腰
- 下鼓腹
- 圈足

青花五彩锦鸡牡丹纹尊

● 人文绘画之美，尽在此尊。

无款
[清] 顺治（1644—1661）| 中国北京故宫博物院藏

此瓶为清代早期流行的样式，大口直身，通常采用素色或单釉装饰。而顺治帝作为第一位入关的清代皇帝，在文治上倾向汉化，所以这一时期的官窑瓷器在纹饰的选择上以传统花鸟题材居多。此瓶通体以青花五彩装饰，颈部绘山石花卉，一轮红日挂在天边，岩石上立一长尾锦鸡，周围盛开朵朵牡丹、玉兰，花繁叶茂，几只蜜蜂在花丛中飞舞，画面恬静和谐，一派祥和。

95-70-0-25 群青
85-30-100-0 绿沈
90-50-25-0 青花蓝
15-15-24-0 蜜合色
5-65-90-0 橘红
15-80-90-0 矾红
55-10-35-0 松石绿
0-65-65-0 珊瑚末
60-95-100-5 枣皮红
5-5-40-0 女贞黄

纹样
Patterns

此瓶纹样分瓶颈纹样和瓶身纹样两个部分，瓶颈画山石花卉纹，瓶身画山石锦鸡纹，两幅都是完整的画面。尤其是瓶身纹样，牡丹伴石而生，除了站在石上的锦鸡外，还有飞鸟与蛱蝶，构成一幅完整的花鸟画面，构图饱满、刻画精良，让整个尊瓶都增光溢彩。

飞鸟
两只鸟儿在空中盘旋攀玩，一只靠下昂首回望，一只靠上俯首回飞，姿态灵动，妙趣横生。

飞虫
图中画有蜻蜓、蜂蝶。蜻蜓采用写意画法，寥寥几笔便准确表现其特征。蜂蝶振翅扑向花丛，颇具逸趣。

玉兰
玉兰以双勾画法勾边，花瓣留白，下方用淡色青花衬托其形。玉兰代表纯洁、高雅、卓尔不群。

锦鸡
山石上站立一只长尾锦鸡，回首望日，单脚站立，身形苗条，羽毛颜色鲜艳，象征富贵、吉祥。

牡丹
牡丹伴石而生，老枝苍劲，新枝翠绿，用青花和绿釉两种颜色绘制叶片。顶端为多瓣牡丹花，花形饱满，用笔干脆，色彩鲜红而饱满。

工艺
Handicraft Technology

此瓶沿用传统五彩瓷制作工艺，分两次烧制而成，色釉发色良好，附着力强。

步骤①
在素坯上以青花绘山石等，再施透明釉，入窑以1300℃的高温烧制。

步骤②
使用黄、绿、红色釉绘制其他细节，入窑以800℃的低温烧制。

清代早期瓷器施釉通常较薄，烧制后釉面附着力强，但略有磨砂感。

器型
Shape or Form

此瓶器型从梅瓶变化而来，其口缘更大，瓶身直，下渐收，用以插花。

- 唇口
- 短颈
- 溜肩
- 筒形直腹
- 平底内凹

青花红绿彩茶壶

● 梅带雨开，瘦竹随风摆，自是江南饮茶时。

无款
[明] 万历 （1573—1620） | 加拿大皇家安大略博物馆藏

明代民窑不乏精品瓷器，景德镇所产的这件青花红绿彩茶壶，虽其纹饰不甚精致，但它白釉纯洁，色釉通透。它以青花为干，结合红、绿二色釉，绘制了一幅梅竹图，鸟鸣其间，一派生机盎然之象。最为有趣的是，它模拟竹竿造型，壶身、把手和壶嘴都有膨大的竹节造型，与纹饰主题相契合，壶盖内藏，盖纽镶以绿玉，可谓匠心独运。

| 15-80-90-0 | 矾红 | 90-50-25-0 | 青花蓝 | 95-70-0-25 | 群青 |
| 10-15-75-0 | 缃叶 | 85-30-100-0 | 绿沈 |

纹样 Patterns

壶身绘制梅竹图，以酱釉和绿釉画枝干，红釉画梅花，老枝苍劲，新枝娇嫩；竹子用青花和绿釉画，青花画横竹，起到分割画面、引导布局的作用，鸟儿飞舞其间，怡然自得。

飞鸟

长尾蜡嘴鸟，以青花画翅，黄釉画腹，红釉画尾，酱釉画背。其造型虽古拙朴实，但用心可见。

梅花

梅花以红釉采用双勾画法勾勒轮廓，花瓣中心用红、黄釉点缀，花朵、花苞位置安排得当，花枝茂盛。

竹子

横竹用青花绘制，其余用酱釉画竿，红釉勾边，竹叶为六七叶组合造型，以绿釉填色。

烟云纹

直接用红釉勾勒烟云，曲线聚合为螺旋状。

工艺 Handicraft Technology

红绿彩瓷器，即以矾红、石绿釉两种色釉为主绘制纹饰的瓷器，当然，除此之外，它也会使用其他色釉类型。它属于五彩瓷器的一种，所以烧制的工艺也和五彩瓷器一样。

步骤①

在素坯上以青花绘鸟羽、横竹等，再施透明釉，入窑以1300℃的高温烧制。

步骤②

使用以绿、红色为主的色釉绘制其他细节，然后入窑以800℃的低温烧制。

器型 Shape or Form

此壶巧妙地采用竹竿造型，与纹饰主体相契合。这样，作为茶壶，它就会有一种自然之感，内藏的壶盖让造型更加完整，顶部的绿玉过桥纽更是点睛之笔。

藏盖　桥纽
壶嘴　把手
竹节状壶身　平底内凹

青花五彩十二月花神杯

● 每个月都要换一个酒杯哦!

无款

[清]康熙（1662—1722）| 荷兰阿姆斯特丹国立博物馆藏

| 15-80-90-0 | 矾红 | 85-30-100-0 | 绿沈 | 10-15-75-0 | 细叶 | 5-5-40-0 | 女贞黄 |
| 55-10-35-0 | 松石绿 | 30-10-25-0 | 缥色 | 95-70-0-25 | 群青 | 90-50-25-0 | 青花蓝 |

古今中外，人们都喜欢花，并选出了代表花的花神。我国古人从一月到十二月，每月选择一种当月具有代表性的花卉，并将与之有联系的人物定为花神。这一套花神杯，共12件，每件以青花五彩画一种当月花卉，以供奉花神。

纹样
Patterns

12种花卉都是较为常见的题材，每一种都有其独特的寓意和与之相关的花神。作为酒杯，花神杯也常用于才子佳人的行酒令游戏中，所以纹饰符合使用者的审美，清新自然，笔触细腻，施釉较薄，整体呈现出娟秀之感。

水仙花
一月水仙花，花神为甄宓。

玉兰花
二月玉兰花，花神为杨贵妃。

桃花
三月桃花，花神为息夫人。

牡丹花
四月牡丹花，花神为丽娟。

石榴花
五月石榴，花神为卫子夫。

荷花
六月荷花，花神为西施。

兰花
七月兰花，花神为苏小小。

桂花
八月桂花，花神为徐贤妃。

菊花
九月菊花，花神为左贵嫔。

芙蓉花
十月芙蓉花，花神为花蕊夫人。

月季花
十一月月季花，花神为王昭君。

梅花
十二月梅花，花神为寿阳公主。

工艺和器型
Technology&Shape or Form

一套12件酒杯，在器型上需保持一致，所以通常采用一窑统一烧制的方式，以便保证烧制环境相同，因此会采用覆烧法入窑。

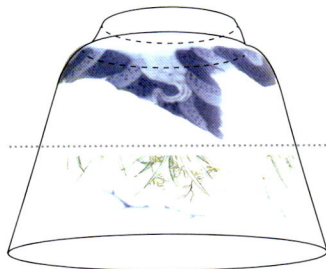

步骤①
在素坯上以青花绘制山石等，然后施透明釉，入窑以1300℃的高温烧制。

步骤②
以五彩色釉绘制花卉，入窑以800℃的低温烧制。

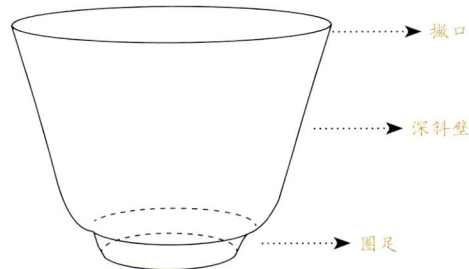

撇口

深斜壁

圈足

第四章

如脂如玉，粉嫩多彩

中国瓷器发展到明清两代，在工艺上已臻于完美，匠人们绞尽脑汁，只为将最美的色彩施于瓷器。在此之前，无论是青花、矾红，还是五彩色釉，色彩始终比较单一。而明清时期斗彩、粉彩等的出现，真正实现了"瓷有万色"，尽在"一方"。这些施釉技巧的出现，丰富了色彩类型。自此，瓷器可以完美地和绘画技巧结合，两种艺术形式合二为一，实现升华。这也深深影响了我们今天鉴赏瓷器的审美标准。

粉彩荷花形杯

［清］乾隆（1736—1796）｜英国 V&A 博物馆藏

粉彩瓷器是清代制瓷业的一个伟大创新，从理论上讲，粉彩工艺不仅可以将任何能想到的颜色变成现实，也可以制造出同一颜色的深浅浓淡变化，结合对器型的调整，可以让瓷器惟妙惟肖，以假乱真，这件清代乾隆时期的粉彩荷花形杯便是明证。在器型上，它采用了整朵荷花造型，由一片片花瓣组成，这使得它的外形并不规整，模拟出荷花花形被雨打湿的自然状态。花蕊处有一小孔，与绿釉叶柄相通，可供液体流动，设计巧妙，充分考虑到了实用性。而它粉嫩红润的颜色，犹如嫩蕊初破，白里透红，美不胜收。

成化斗彩鸡缸杯

● 没错，这就是有史以来"最贵的一群小鸡"！

[大明成化年制]款
[明]成化（1465—1487）| 中国台北故宫博物院藏

90-50-25-0	青花蓝
60-95-100-5	枣皮红
60-2-55-0	大绿
5-65-90-0	橘红
4-20-70-0	蜜蜡黄

斗彩瓷器始于明宣德年间，但实物罕见，成化时期的斗彩瓷器最受推崇。成化斗彩鸡缸杯是其中最负盛名的瓷器，它是皇帝御用的酒杯，制作时不计成本，只保留其中精品，次品则一应销毁，故而在当时便有一只鸡缸杯"值钱十万"的说法。成化皇帝具有极高的书画造诣，传闻鸡缸杯的图案由他亲自设计并修改。鸡缸杯诞生之后，就直接形成了"酒杯以鸡缸为最"的说法。如今，成化斗彩鸡缸杯散落各地，目前全球有据可考的成化斗彩鸡缸杯仅有18件，民间的几只鸡缸杯在拍卖会上屡破成交纪录，称其为"最贵的一群小鸡"毫不为过。

纹样
Patterns

斗彩鸡缸杯的图案较为简单，整体用山石花草做分割，两端各画一组子母鸡纹。每组鸡群，公鸡在前，或昂首或回顾；母鸡在后，小鸡环绕，啄食地上的小虫，画面生动和谐。

子母鸡纹
这组鸡群，由1只昂首挺立、张喙鸣叫的公鸡，1只俯身啄食小虫的母鸡，3只环绕的小鸡组成。

这组鸡群，公鸡回首观察，母鸡啄食地上的小虫，小鸡在母鸡身边。与另一组鸡群的主题一致，但每只鸡的造型都不相同。

山石牡丹纹
牡丹生于山石顶端，两朵全开，一朵半开，另有一花蕾，象征富贵荣华。

山石萱草纹
萱草也称"忘忧草"，寓意富贵忘忧，自由快乐。皇帝希望杯中酒给自己带来无上的快乐。

工艺
Handicraft Technology

所谓斗彩，即先用青花勾勒图案的轮廓，烧制后再在釉上施彩釉，然后在青花轮廓内填色绘制，后入窑烧制，烧成后遂有釉下彩与釉上彩斗妍斗美之态势。

第一层上色：青花

第二层上色：彩釉

步骤①
用回青勾勒图案轮廓，施釉，后以1300℃左右的高温烧制。

步骤②
以矿物颜料进行二次施彩，填补青花图案留下的空白，然后入窑以800℃的低温烘烤。

器型
Shape or Form

斗彩鸡缸杯为饮酒用具，考虑美观度的同时，还要充分考虑其实用性。例如除了口沿为侈口设计外，杯壁最厚处不超过2.5毫米，光线可透，又成一景。杯身从上到下以一定弧度缓慢内收，不争夸张而求内敛，线型流畅。

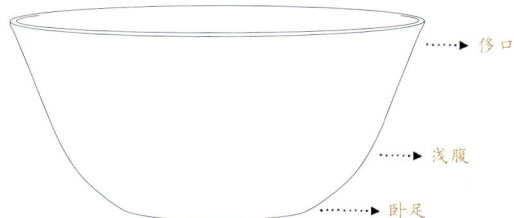

侈口

浅腹

卧足

光绪款粉彩桃蝠纹碗

● 粉嫩多汁的仙桃，怪不得孙悟空会偷吃！

大清光绪年制 [大清光绪年制] 款

[清] 光绪（1875—1908） | 中国北京故宫博物院藏

桃夭	0-35-10-0		豇豆红	0-50-15-0
葱青	65-20-50-0		柳黄	30-5-90-0
丹色	0-60-80-10		墨色	0-0-0-85
矾红	15-80-90-0			

清代晚期，制瓷匠人对于粉彩技术的掌握已近完美，通过调整玻璃白的厚薄，控制其乳浊反应的强弱，便可得到称心如意的粉彩色，这件光绪款粉彩桃蝠纹碗便可代表粉彩的最高技艺水平。它的底釉纯白如雪，上用工笔技巧绘制桃树一株，上结9颗仙桃，配一对蝙蝠，寓意福寿无双。仙桃颜色粉嫩，从顶端的深红，到中间的浅红，再到末端的黄白，颜色过渡自然，渐变均匀。整个画面中唯一的重色在桃枝上，其余颜色都比较浅，画面重点清晰，主次分明。整体表现出一种清新自然、干净清爽的美感。

纹样
Patterns

此碗以中间一株桃树为主体，上结9颗仙桃，硕果累累，枝繁叶茂。树下生长祥瑞灵芝，一旁有蝙蝠一对，以矾红彩填色，寓意"洪福齐天"。整体使用了几种典型的吉祥纹饰，组合成一幅完整、协调且美感十足的画面。

桃树

桃在传统文化中代表"寿"，而九为极阳之数，所以九桃寓意寿与天齐；桃实硕大饱满，色彩粉嫩，桃叶以黄、绿双色区分出叶片向背，枝条遒劲，蜿蜒曲折。整体线条细腻流畅，细节丰富。

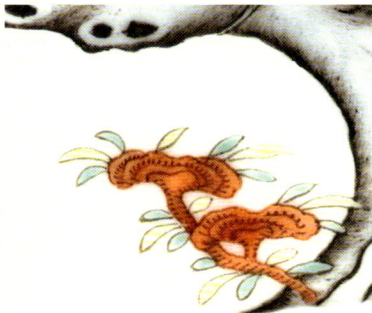

灵芝

灵芝寓意吉祥，其形类似祥云如意，常伴石头、老树而生。

蝙蝠

蝠通"福"，在中国传统文化中，蝙蝠代表福从天降。常用红色画蝠，象征洪福齐天。

工艺
Handicraft Technology

此碗充分展现了粉彩瓷器的特点，颜色粉嫩，具有代表性。这是使几种基本的色釉在玻璃白的乳浊反应中，粉化得到的效果。

步骤①

在素坯上均匀满施玻璃白，待风干后，再正常施色釉，绘制画面。

步骤②

入窑以800℃烧制，烧制过程中，底层玻璃白上翻，与色釉混合，使颜色变得更粉白。

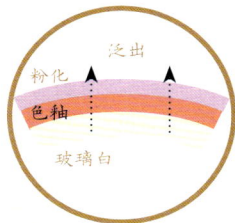

粉化

玻璃白中含砷，这种物质在高温下会产生乳浊反应，使玻璃白从色釉底部逐渐上翻，泛出的白色与色釉混合，会产生粉化效果。

器型
Shape or Form

此碗为皇家御用器皿，专用于盛汤食，所以大口深壁。其壁薄而透光，底腹圆润，圈足略高。

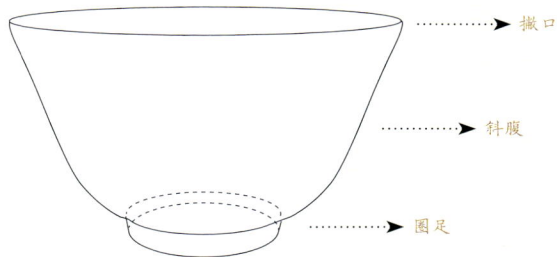

撇口

斜腹

圈足

115

斗彩海兽纹天字罐

● 凶猛矫健的灵兽，带着对时间的祝福，踏浪而来。

100-85-40-20 帝释青　90-50-25-0 青花蓝

5-5-40-0 女贞黄　60-95-100-5 枣皮红

15-80-90-0 矾红

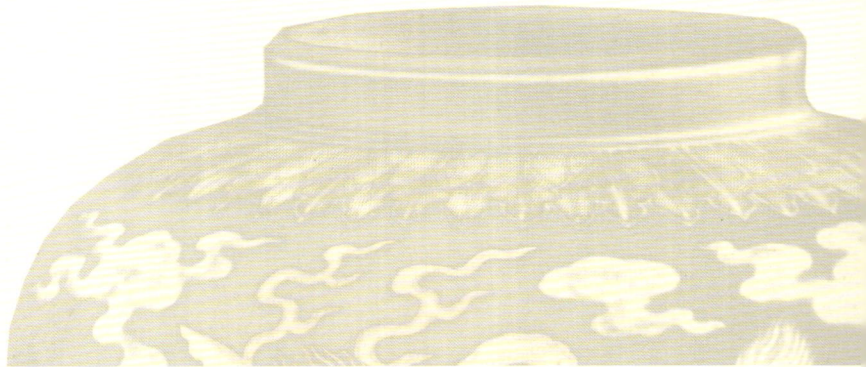

[天]款

[明]成化（1465—1487）| 中国北京故宫博物院藏

明代斗彩瓷器以成化时期的为最佳，成化时期的斗彩瓷器以"天"字款为佳，这说的就是这件瓷器了。此罐因外底书"天"字，俗称"天字罐"，它一直珍藏于宫中，历经明、清两代，都完好地保存了下来，可见其受珍视程度。它以红彩和青花为主，黄彩和绿彩为辅，明丽悦目。画面中海水汹涌，浪花飞溅，海兽腾空而起，凶猛异常，体现出明代成化时期景德镇御器厂制瓷匠人高超的绘画水平。

纹样
Patterns

此罐通体以斗彩装饰。腹部绘4只海兽及海水、朵云纹，肩与近底分别绘下覆、上仰蕉叶纹。海兽以红、黄两种色釉交替填色绘制，其四肢腾空，凶猛矫健，为代表祥瑞的异兽。

海水纹

海水用青花绘制，先以大曲线勾勒出层层波涛，中间用细线勾勒，并填青色。海水交界处激起浪花，如爪状，整体表现出汹涌澎湃之感。

海兽纹

海兽由象头、狮身组成，瓶身共绘4只。先以青花勾勒轮廓，后用色釉填色。二色相斗，画面更显饱满，层次更显丰富。

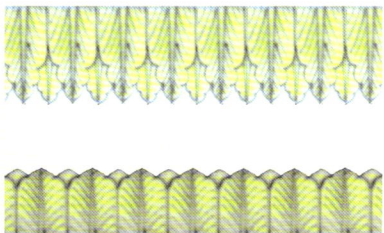

蕉叶纹

上下蕉叶纹略有不同，上侧蕉叶纹有锯缘。整体以青花勾勒轮廓，中间填黄釉。

朵云纹

朵云纹以卷曲的螺旋状线条为轮廓，带有曲形拖尾，整体呈升腾状。

工艺
Handicraft Technology

斗彩工艺本身不难，难的是如何在使用斗彩的时候，让下层青花与上层色釉都清晰地呈现。这很考验画师的水平，其在勾勒青花轮廓时需保证线条完整、清晰流畅。

步骤①

在素坯上勾勒青花轮廓，施透明釉后入窑以1300℃的高温烧制。

步骤②

出窑冷却后，在青花轮廓内用矾红、黄、青等色釉填色，再入窑以800℃的低温烧制。

器型
Shape or Form

相比明代同时期的罐形器型，此罐整体更显矮胖，但它稳重端庄，胎体轻薄，透光度高，因而不显臃肿。

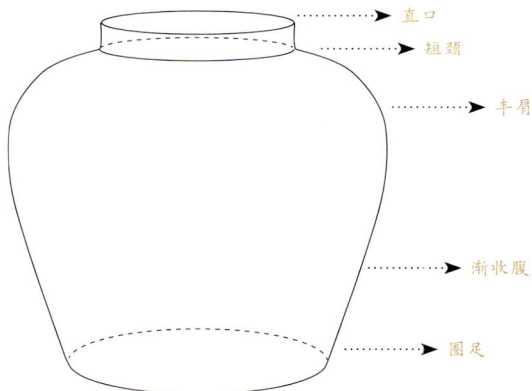

直口
短颈
丰肩
渐收腹
圈足

长春同庆款黄地粉彩开光 "万寿无疆" 碗

● 年轻皇帝的婚礼用瓷，果然"高端、大气、上档次"。

[长春同庆] 款
[清] 同治（1862—1875）| 中国北京故宫博物院藏

1872年，同治皇帝大婚，其中光烧制瓷器一项便耗资13万两白银。这件黄地粉彩开光"万寿无疆"碗便是婚礼用瓷之一。它底款"长春同庆"，其中"长春"指长春宫，是慈禧太后居住的地方，"长春"款瓷器一般都是极尽精美的官窑器，代表着当时制瓷工艺的最高水平。此碗内施白釉，外施黄釉，内部满绘蝴蝶樱花纹，设计感极强。外部黄釉地上饰4处圆形开光，内分别书"万""寿""无""疆"4个楷书红字，并搭配各种吉祥纹饰，显得非常吉利、讨喜。

| 55-30-5-0 | 窃蓝 | 15-80-90-0 | 矾红 | 60-2-55-0 | 大绿 | 5-65-90-0 | 橘红 |
| 10-15-75-0 | 缃叶 | 0-35-10-0 | 桃夭 | 90-50-70-10 | 鸭头绿 | | |

纹样
Patterns

此碗的名称与它表面的花纹有关，黄釉地上饰4处圆形开光，内分别书"万""寿""无""疆"4个楷书红字并以如意纹相绕，开光之间绘桃蝠纹及盘长结纹，寓意"万福""万寿"。

"万""寿""无""疆"开光

圆形开光中，白釉为底，圆框边缘缀蓝、绿、红交替的云头纹，底部以金线勾勒如意纹，上书楷书红字"万""寿""无""疆"4个字。

桃蝠纹、盘长结纹

圆形开光之间，用此组合纹间隔。上半部分为清代常用吉祥纹饰桃蝠纹，下半部分为盘长结纹，寓意福寿共享，结发受长生。

回纹

碗口沿下方及圈足处以红色勾勒的单线回纹，为碗饰增添了几何感，增强了设计美感。

蝴蝶樱花纹

碗内用蓝、绿交替分层的蝴蝶满铺，蝴蝶刻画细腻，每只都用金线勾勒。蝴蝶间穿插樱花，樱花或为盛开状态，或为花苞状态，让此碗整体春意盎然。

工艺
Handicraft Technology

由于此碗的花纹比较复杂，且内外都有，所以烧制的工序也比较繁多，从素坯到成品，需经过3次入窑烧制，且每一次的温度、时间都有所不同，这样才能达到色彩粉嫩、饱满的效果。

步骤①

经过高温烧制定性后，内施白釉、外施黄釉，入窑以800℃的低温烧制。

步骤②

在需要绘制花纹的位置，用玻璃白将其均匀涂刷一遍。

步骤③

玻璃白干后，以色釉绘制花纹，再入窑以800℃的低温烧制。

瓷器出窑后，还需经过描金、鎏金等工序，才能成为合格的皇家婚礼用瓷，其造价可见一斑。

器型
Shape or Form

此碗直口微敞，深腹，腹下渐收，圈足较高。这是礼仪碗器的定式造型，相比其他实用碗器而言，它整体会更小。

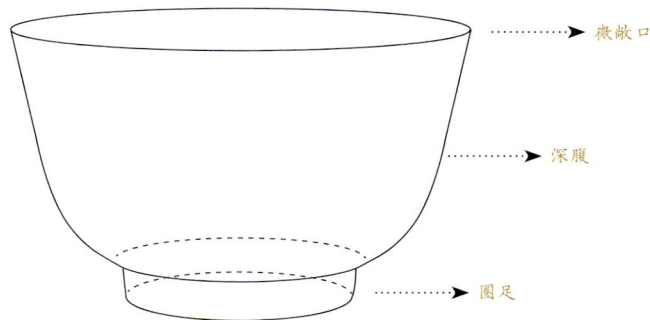

微敞口

深腹

圈足

永庆长春款绿地粉彩荷花纹圆花盆

● 赏夏日花色，闻冬日花香。

長永
春慶

[永庆长春]款
[清]光绪（1875—1908）｜ 中国北京故宫博物院藏

慈禧太后在圆明园内的"天地一家春"处开辟了一间画室，取名为"大雅斋"，专供宫廷画师作画，画师绘制的一些精品画作则直接用作官窑瓷器的纹饰，这件永庆长春款绿地粉彩荷花纹圆花盆便是如此而来。它内施松石绿釉，外壁先用淡绿衬底，然后不均匀地施绿釉，形成自然的斑驳感；釉上以粉彩绘荷花纹饰，荷花采用小写意画法，搭配苇草、飞虫等，呈现自然清新的画意；外壁口沿下红彩书"大雅斋"3字楷书款，旁边钤椭圆形红彩印章，印章内双龙环绕"天地一家春"5字篆书款，属于官方认证的精品瓷器。它作为一件皇家御用水仙花盆，美得不可方物。

35-0-65-0 松花绿	90-50-70-10 鸭头绿	
0-35-10-0 桃夭	60-0-10-0 蓝	
0-90-55-0 火红	60-95-100-5 枣皮红	
60-2-55-0 大绿		

纹样

此花盆以粉彩绘荷花纹饰，花间衬以蜻蜓等昆虫。图案色彩雅致，清新自然。

荷花纹

整件瓷器上的荷花纹如一幅长卷画，荷花分组且每一组的造型各有不同，荷花红白相间，新旧叶交替，其间穿插各类苇草，荷花妖艳，荷叶翠绿，清新自然之感扑面而来。

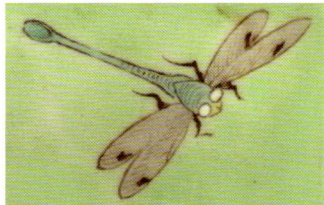

蜻蜓纹

画中绘制了一只双勾蜻蜓，线条细腻，尤其是翅膀纹理，分毫毕现，蜻蜓正欲飞向荷花。这让画面更显生动的同时，增加了画面的野趣和故事感。

工艺

此花盆采用低温釉铺底，再施粉彩绘制荷花，在工序上与其他粉彩器一般无二，但在施釉类型上颇为特殊。

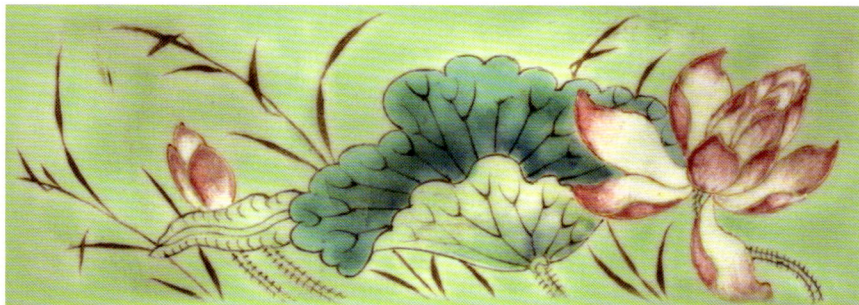

内壁：低温松石绿釉
口缘：高温青花釉
外壁：低温黄绿釉

五短足采用模具制造，并通过贴塑工艺与器身结合。

器型

此花盆整体呈圆形，壁较厚，这是为了承载压制水仙球茎的假山石。平底下承五足，足短且平。

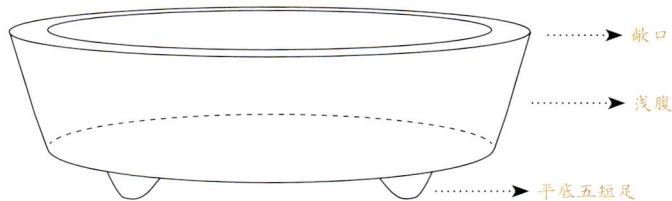

敞口
浅腹
平底五短足

长春宫款粉彩桃蝠纹笔筒

● 用一个笔筒，给皇帝送去最诚挚的祝福。

[长春宫制] 款
[清] 光绪（1875—1908）｜中国北京故宫博物院藏

清代粉彩器以光绪朝的为最佳，因为在慈禧太后的要求下，瓷器制作往往不计成本，刻意求精。这件长春宫款粉彩桃蝠纹笔筒，虽经历了时间的流逝，但依然光彩夺目。粉嫩的釉色，精美的画工，无一不体现制作皇家御用瓷器匠人高超的技艺。从磨损程度来看，它在当时经常被使用，这也说明它深受主人喜欢。

桃夭	0-35-10-0
大绿	60-2-55-0
缥色	30-10-25-0
火红	0-90-55-0
橘红	5-65-90-0
缥色	60-65-100-25
墨色	0-0-0-85
矾红	15-80-90-0
琼琚	15-65-60-0

纹样
Patterns

此笔筒纹饰以一株生长在岛石上的桃树为主，枝上桃实诱人，硕果累累。树下伴生有竹，竹旁有太湖石，有"皱、漏、瘦、透"的典型特点，它被水波环绕，水波汹涌，激起浪花飞溅。空中盘旋着5只蝙蝠，好不热闹。

桃树、桃实纹

蝙蝠纹

九桃五福纹

桃树上共结9颗桃实，空中盘旋着5只蝙蝠，这是典型的九桃五福纹。九为极阳之数，九桃寓意万寿无疆，寿与天齐；五蝠通五福，五福一曰寿，二曰富，三曰康宁，四曰修好德，五曰考终命。九桃五福纹是清代瓷器上常见的吉祥纹饰。

山石纹　　　竹纹

水纹

组合场景

桃树下的小岛上，有伴生竹和太湖石，这种竹石搭配的组合，是一种象征刚柔并济、万古长青、长寿的纹饰。水波汹涌，激流拍石，为整体画面增强了动感。

工艺
Handicraft Technology

此笔筒造型朴素，整体为圆柱体。其底釉纯白，口缘描金，纹饰以粉彩绘制，其中云雾、蝙蝠等还用了矾红和酱釉彩。

步骤①

在素坯上施白釉，高温烧制出窑后，再施玻璃白，然后阴干待用。

步骤②

以色釉绘制花纹，入窑以800℃的低温烧制。

器型
Shape or Form

此笔筒为规则的圆柱体造型，上下等大，口沿及底圆转折圆润内敛，整体稳定中正，起伏流畅舒缓。

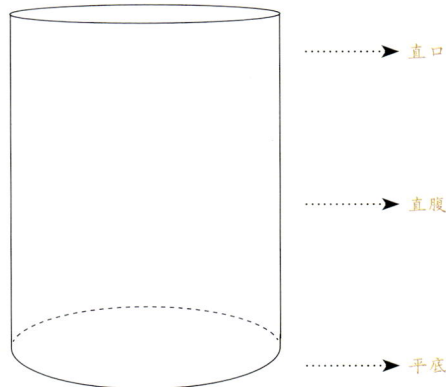

······▶ 直口

······▶ 直腹

······▶ 平底

松石绿地粉彩花鸟图高足碗

● 诗情画意，尽在这一方小小天地。

无款
[清] 光绪（1875—1908） | 中国北京故宫博物院藏

清代康熙年间创烧出粉墨彩瓷器，粉墨彩绘制的装饰画面具有水墨画的效果，深受人们喜爱。这件光绪年间的松石绿地粉彩花鸟图高足碗，同样以"大雅斋"画师作品作为纹饰，并且它整体以绿彩为底色，与墨彩花鸟图形成强烈的色彩对比，为画面增添了不同凡响的意趣。

0-0-5-0	云母白	0-0-0-85	墨色	0-0-0-100	黑
15-80-90-0	矾红	55-10-35-0	松石绿	10-0-0-35	银灰
		90-50-25-0	青花蓝	65-20-40-0	二绿

纹样 ▦
Patterns

此碗外壁通体施绿釉，釉上以粉墨彩绘花鸟图，采用双勾填色画法，具有文人画风格。口沿及高足凸起处描金一周，近足处以粉彩绘海水江崖纹。

菊花

叶片翻转生动，饱满圆润，花瓣卷曲灵动，清爽自然。以墨彩画出，花叶色彩对比强烈，主次分明。

秋葵花

宫廷绘画中的常见花卉题材，叶片五裂，花瓣轻薄，自然卷皱。以细线勾描花瓣，同时以淡墨线勾勒花瓣纹理。

八哥

文人花鸟画中的常见题材，通体黪黑，头上有一撮额羽，经训练可模仿人语，自古便被作为宠物饲养。

海水江崖纹

中间用红蓝彩画水中山石，两侧曲线状波涛击打山石，产生爪状浪花，激起水花点点，整体寓意福山寿海，河清海晏。

工艺 🔥
Handicraft Technology

此碗采用贴塑工艺，将碗身、碗足分开塑形后再进行组合。在组合时，套入凸起的圆环造型，后续描金，以分割整体，起到调节视觉节奏的作用。

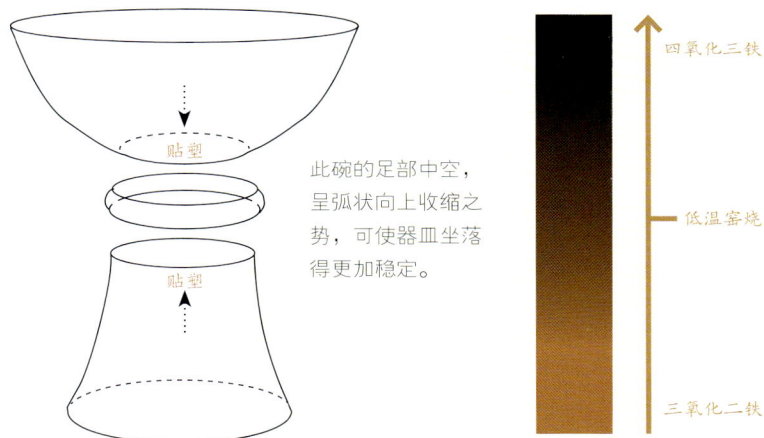

贴型

贴塑

此碗的足部中空，呈弧状向上收缩之势，可使器皿坐落得更加稳定。

四氧化三铁

低温窑烧

三氧化二铁

墨彩是以氧化铁为彩料绘画，在低温窑烧的过程中，砖红色的三氧化二铁氧化为黑色的四氧化三铁，而产生的一种类似水墨效果的色釉。

器型 ⊔
Shape or Form

此碗为靶碗造型，敞口，深腹，高足中空。高足上端有环状凸起，起遮掩瑕疵的作用。

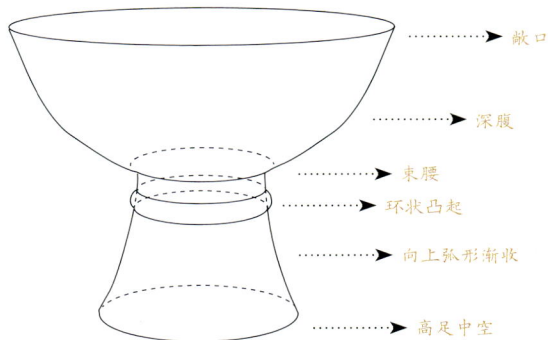

- 敞口
- 深腹
- 束腰
- 环状凸起
- 向上弧形渐收
- 高足中空

粉彩荷花纪念杯

● 此杯赠予诸公，望诸公为国奋勇杀敌！

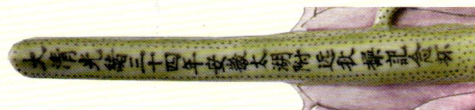

[大清光绪三十四年安徽太湖附近秋操纪念杯] 款
[清] 光绪（1875—1908）| 中国湖北省博物馆藏

自甲午战败后，清廷开始了一系列改革，其中加强军备被列为首要议程。光绪帝登基后，锐意进取，改革也有所成效，定于1908年9月21日在安徽太湖开展阅兵操演。所有参演的大臣、将官等可得此杯以作纪念。这个款式的杯子自乾隆时期创烧，后至光绪时期一直都是官窑定式。它模拟荷花外形，杯身用阴刻的方式刻出轮廓，勾勒出一片片花瓣的姿态。每一片花瓣都底端粉红，尖端白皙，有颜色渐变效果。将荷花的造型与瓷器结合，更显出别心裁。

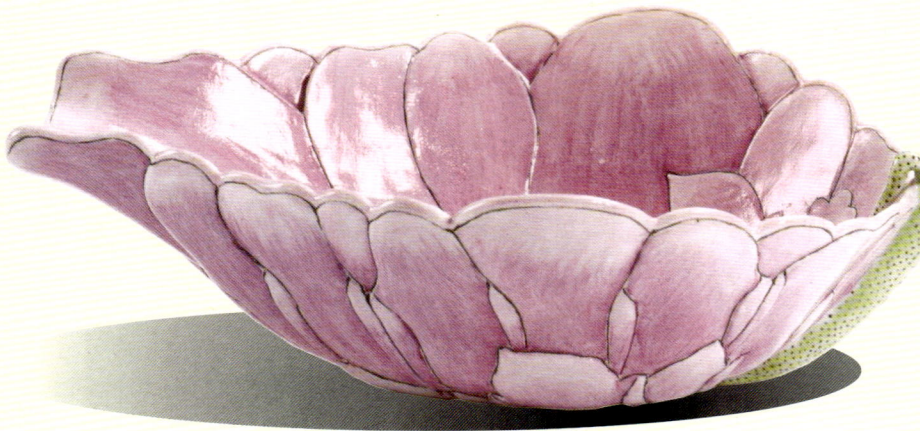

| 桃夭 | 0-35-10-0 | 苏梅 | 0-65-0-0 |
| 秧色 | 60-10-85-0 | 蜜蜡黄 | 4-20-70-0 |

颜色和肌理
Color&texture

此杯模拟荷花，粉彩取粉荷花的粉色。内底部有花蕊，外侧有花梗。从花瓣、花蕊到花茎都用不同色釉、不同肌理去表现，使此杯显得栩栩如生。

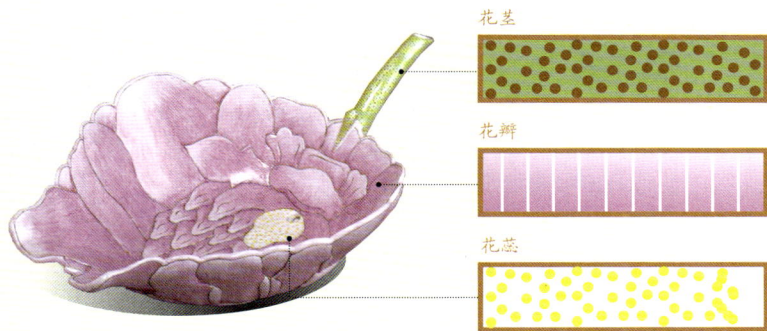

花茎

花瓣

花蕊

花茎用绿釉施色，酱釉绘制小点；花瓣粉白渐变，施釉时笔触方向固定，形成丝状纹理感；花蕊以白釉为底，黄釉绘制小点表示花药。

器型
Shape or Form

此杯与规则外形的样式不同，所以难以用普通的器皿标准去评判它。它整体如一朵初绽的荷花，花茎上翘，花瓣重叠。

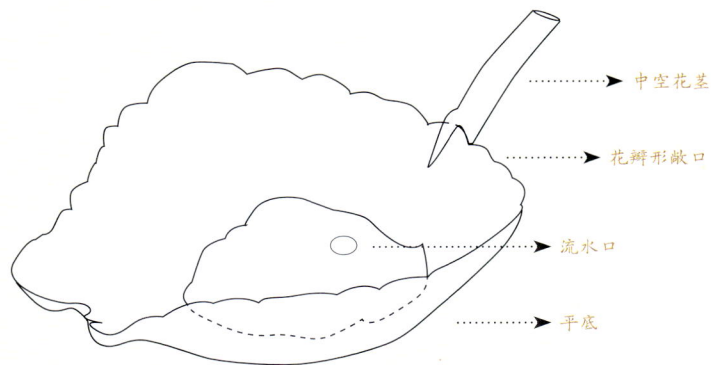

⋯⋯⋯▶ 中空花茎

⋯⋯⋯▶ 花瓣形缺口

⋯⋯⋯▶ 流水口

⋯⋯⋯▶ 平底

工艺
Handicraft Technology

相比纹饰复杂的粉彩瓷器，此杯的制作难点在于造型。虽然它早已成为清代官窑的定式瓷器，但塑坯对匠人的捏塑能力来说依然是很大的考验。

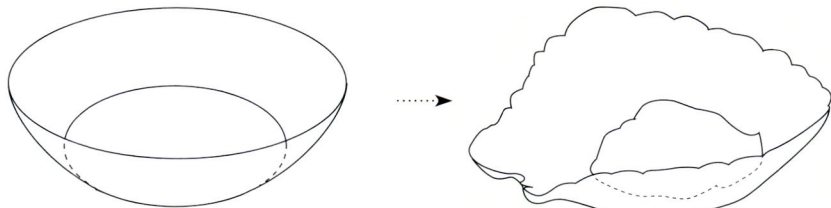

步骤①

在陶轮上拉坯，使其初具造型。

步骤②

通过利坯，拉出侧边缘的不规则形状，将末尾端拉得长一些，底部修饰的形状不规则。

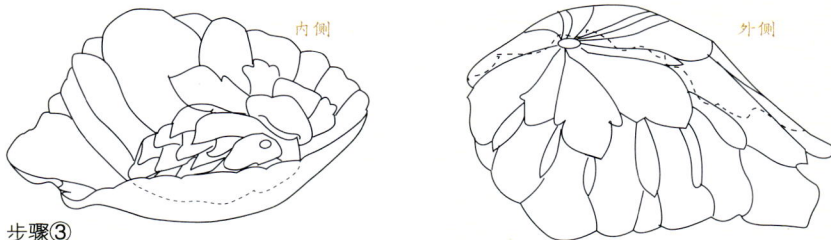

内侧

外侧

步骤③

内外都用刻瓷刀，按照花瓣的形状、生长方向等特点，阴刻出荷花花瓣的轮廓。

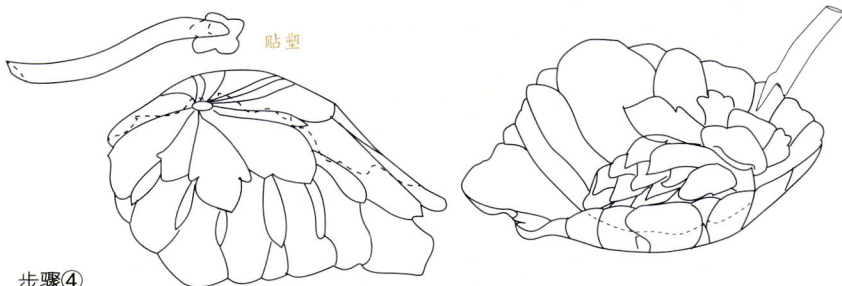

贴塑

步骤④

将提前制作好的中空花茎，以贴塑的方式与杯子底部留的圆孔对接组合，并保证花茎内部通畅，以便水可从此流出。

粉彩九桃图天球瓶

● 瓷上作画，精妙绝伦。

[大清乾隆年制]款
[清]乾隆（1736—1796）| 中国国家博物馆藏

这种腹大且圆，状如星球的瓶子，被称为"天球瓶"，清代雍、乾两朝非常流行，成为清代官窑烧制的皇宫御用陈设瓷器。它表面的纹饰十分讲究，不仅需要画师画工精湛，所画内容也要有很好的寓意。其中九桃图是当时最流行的纹饰，这件粉彩九桃图天球瓶绘制了一株茁壮苍葱的桃树，上面结有9颗硕桃，并与一枝多瓣白桃相缠。桃花、叶、实本不同时，但为了表现其郁郁葱葱、枝繁叶茂的生机感，画师巧妙地将它们都结合了起来。

0-50-15-0 豇豆红	0-35-10-0 桃夭
30-5-90-0 柳黄	65-20-50-0 葱青
0-0-0-85 墨色	0-60-80-10 丹色
40-60-100-0 棕黄	15-80-90-0 矾红

纹样
Patterns

九桃图为清代瓷器纹饰中的一种常见装饰图样，所画九桃，寓意蟠桃献寿、福寿无量。整体采用工笔设色的绘制技巧，用釉较厚，从而形成饱满、厚重的色彩层次感。

桃子

桃子上不仅有黄、绿、红3种色彩，渐变效果十分均匀，还绘制了斑点、色晕等诸多细节。整体施釉很厚，所以表面有颗粒感。

白桃花

一种人工栽培的桃花品种，与普通桃花的区别在于其花瓣粉白，通常为多瓣，但一般不结果实。

桃花

桃花五瓣，颜色粉红。通常桃花与桃子不同时，此处为画师有意地将其结合起来处理。

工艺
Handicraft Technology

天球瓶的造型高大敦厚，坯体厚实，釉色鲜艳。尤其是雍正、乾隆两朝的粉彩天球瓶，其玻璃白涂层较厚，色釉也厚，烧制出的瓷器有粉脂感，更显粉嫩。

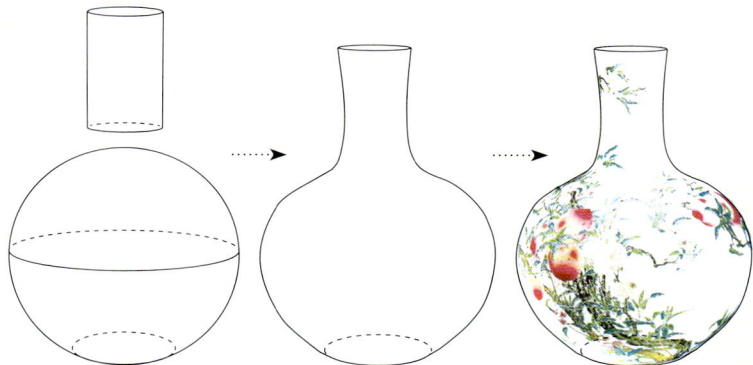

步骤①

天球瓶可看作圆柱体和球体的结合体，在素坯上施白釉，入窑以高温烧制。

步骤②

再刷玻璃白，玻璃白甚至较其他粉彩厚一倍。

步骤③

再在其上作画，施的色釉同样要厚，入窑以800℃的低温烧制。

器型
Shape or Form

根据瓶颈的长短，天球瓶可分为长、短、细颈天球瓶等器型。此瓶为短颈天球瓶，器型敦厚，气势宏伟。

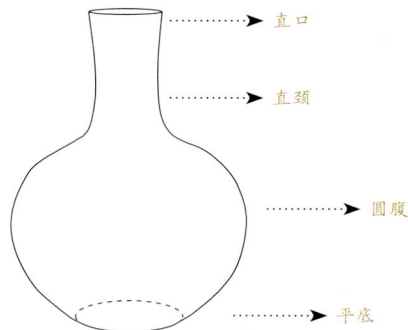

直口

直颈

圆腹

平底

粉彩金鱼纹长方花盆

15-80-90-0 矾红　　5-65-90-0 橘红　　55-10-35-0 松石绿

● 像鱼儿一样自由自在地在水里游泳，那该多好。

[大清咸丰年制]款
[清]咸丰（1851—1861）｜中国国家博物馆藏

这件粉彩金鱼纹长方花盆，是清代晚期官窑的精细之作。它一改清代中期以来繁密琐碎的装饰风格，采用了一种更具设计感的纹饰，用无数造型各异的金鱼平铺摆放，相互之间无叠压，金鱼在暗刻水波纹的白釉地上分散均匀。花盆外部白地红彩，对比强烈，色彩鲜艳夺目。盆内及底施厚重松石绿釉，口沿处用黄地粉彩装饰，增强了花盆纹饰的协调性，让外部纹饰不再单薄。

工艺
Handicraft Technology

花盆内、口沿、外，采用了三色釉，对应3种不同的烧制技术。此盆在制作上十分用心，纹饰虽简，但工艺却并不简单。

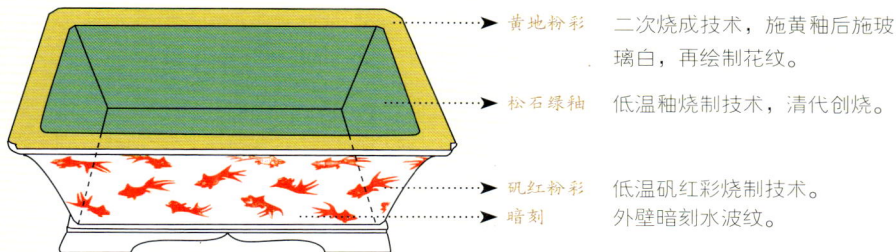

→ **黄地粉彩** 二次烧成技术，施黄釉后施玻璃白，再绘制花纹。

→ **松石绿釉** 低温釉烧制技术，清代创烧。

→ **矾红粉彩** 低温矾红彩烧制技术。
→ **暗刻** 外壁暗刻水波纹。

器型
Shape or Form

此盆整体如长方梯形体，微撇口，宽沿倭角，深直腹，四足呈案几式，造型古朴端正，稳重大方。

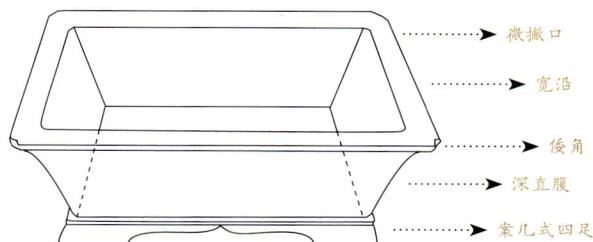

→ 微撇口
→ 宽沿
→ 倭角
→ 深直腹
→ 案几式四足

纹样
Patterns

暗刻水波纹的白地釉面上，以矾红彩绘制金鱼无数，它们造型各异，姿态不同，自由自在地畅游，寓意"金玉满堂，招财进宝"，白地红彩，对比强烈。这又与上方厚重的黄地粉彩口沿纹形成了厚薄对比。整体颜色虽少，但并不妨碍其奢华意味。

丁香花纹
丁香花花香四溢，深受人们喜欢，因其形状规则对称，常作为边饰纹的过渡间隔纹。

卷草纹
这是一种由忍冬纹和蟠桃纹结合而成的纹饰，左右对称，中间为一朵莲花。

暗刻水波纹
塑坯阶段便暗刻的水波纹，以叠鳞的方式连续延伸。

金鱼纹
"金鱼"谐音"金玉"，寓意"金玉满堂"。金鱼纹用矾红彩绘制，有色彩深浅变化，描绘生动，活泼自然。

霁蓝地描金粉彩诗句花卉纹大瓶

● 唯有最耀眼的色彩，最豪奢的装饰，才能衬托帝王的诗文。

清代乾隆时期的瓷器以"大、全、精、满"而著名，尤其擅长将多种类型的色釉或多种烧制技术进行结合，从而让观者得到一种全新的、应接不暇的视觉体验。这件诗句花卉纹大瓶，瓶颈、瓶底以霁蓝釉为地，描金画纹；中间部分为六瓣瓜棱腹，白釉为地，粉彩绘折枝花卉，墨彩写诗文。整件瓷器设色华丽，颇具情趣，制作难度之大体现了当时御窑制瓷工艺水平之高。

无款

[清] 乾隆（1736—1796） | 中国北京故宫博物院藏

30-5-90-0 柳黄	15-20-60-0 金色	85-85-65-30 璇琳	5-65-90-0 橘红
0-35-10-0 枫天	65-20-50-0 葱青	55-10-35-0 松石绿	15-80-90-0 矾红
60-10-85-0 秧色			0-65-0-0 苏梅

纹样 Patterns

此瓶外口部、颈部及近足处以霁蓝釉为地，描金彩缠枝万福花纹与如意云头纹、卷草纹、回纹等。腹部3组折枝花卉，分别为石榴、牡丹和芙蓉，使用粉彩绘制，颜色粉嫩。3幅画与乾隆御制诗句相间排列，3首诗分别用篆、楷、隶3种字体书写，具有一种满而全的美感。

石榴

一株折枝石榴，上面开有红、白两种颜色的石榴花。整体呈S形构图，布局完整。

牡丹

画有粉、白、红、黄4种颜色的牡丹花，花枝穿插，叶片繁茂。左下角还长有一些雏菊。

芙蓉

上画粉、白二色芙蓉，下有红、粉菊花数朵，两种花卉相伴而生。

诗文一

乾隆御制诗《涂林经九夏（无名）》，五言诗，墨彩篆书题写。末尾随"乾隆""宸翰"两枚印章。

诗文二

乾隆御制七言诗《富贵韶光撩眼新（无名）》，墨彩楷书题写，末尾随"惟精""唯一"两枚印章。

诗文三

乾隆御制七言诗《秋水盈盈漾远空（无名）》，墨彩隶书题写，末尾随"比德""朗润"两枚印章。

如意云头纹

卷草纹

回纹

缠枝万福花纹

卷草纹

工艺 Handicraft Technology

霁蓝釉属色釉中的三大上品之一，霁蓝釉上鎏金，更显奢华，制作工序也更为复杂。

挥发　挥发

金汞釉面

鎏金

将金融化，与液态汞混合，用以描摹涂层，然后入窑加热。加热的过程中，液态汞挥发，只保留牢固的金层，这个过程叫作鎏金。

霁蓝釉

一种石灰碱釉，在1300℃的高温下一次烧成的釉上彩。

器型 Shape or Form

此瓶形体高大，撇口长颈，六瓣瓜棱形腹，器型端庄稳定，古朴自然。

撇口

长颈

台肩

六瓣瓜棱形腹

圆足

长春同庆款矾红地粉彩描金开光龙凤纹"囍"字碗

15-20-60-0	金色	15-80-90-0	矾红
55-10-35-0	松石绿	40-60-100-0	棕黄
5-65-90-0	橘红	55-30-5-0	窃蓝

● 红色不仅是碗的颜色，也是婚礼的颜色。

[长春同庆] 款

[清] 同治（1862—1875） | 中国北京故宫博物院藏

这件长春同庆款矾红地粉彩描金开光龙凤纹"囍"字碗，同样是1872年同治皇帝婚礼的庆典用瓷。它整体都以矾红彩为地，颜色火红，外壁红地上有4处圆形开光，其内皆饰龙凤纹及"囍"字，开光之间以花蝶纹相隔，画面喜庆热烈。这件碗器，做工精良，釉色均匀饱满，花纹刻画精细，代表当时官窑制器的最高水平。我们也可以再一次从这些婚礼用瓷一窥当年皇帝大婚时盛大的场景。

纹样
Patterns

此碗的纹样主要围绕一个"囍"字来打造，外壁纹饰上开光画面中也有"囍"字，龙凤纹围绕两侧，是"龙凤呈祥"之意。中间的花蝶纹较小较碎，用以分割画面的同时，也起到调整视觉节奏的作用。

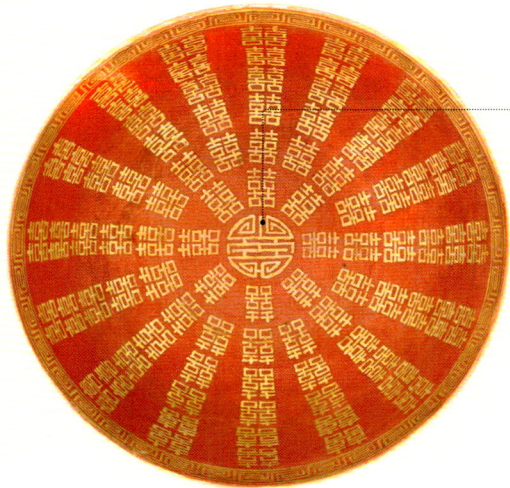

"囍"字纹

碗内正中为回纹与"囍"字纹的结合变形。从碗心往外辐射延伸出16列"囍"字纹，全部用描金表现。

龙凤纹

左凤右龙，凤凰五光十色，蟠龙金光熠熠，身上环绕火焰，左右环抱正中"囍"字，象征"龙凤呈祥"。

花蝶纹

花蝶采用粉彩施釉，蝴蝶以蓝釉填色，花朵为五瓣小花，以白釉填色，或开或闭，起到分割画面和调整视觉节奏的作用。

工艺
Handicraft Technology

同治婚礼用瓷制作不计成本，工序十分复杂，且不同的工序由不同的匠人专职负责，形成流水线生产，以加快制作进度。

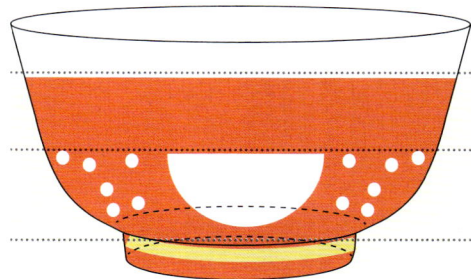

4处开光画面相同，4组花蝶纹相同，内部"囍"字整齐，这些对画师的绘画功底要求极高。

步骤①

素坯施白釉，以1300℃的高温烧制出窑。

步骤②

内外皆施矾红彩为地，入窑以800℃的低温烧制。

步骤③

在纹饰处先涂玻璃白，然后绘制花纹，形成粉彩。

步骤④

以鎏金工艺描金，入窑以800℃以下的低温烧制。

器型
Shape or Form

此碗与同治婚礼其他碗器造型几乎相同，直口微敞，腹较深，同样应是作为礼仪用碗，盛放祭祀用的谷物。

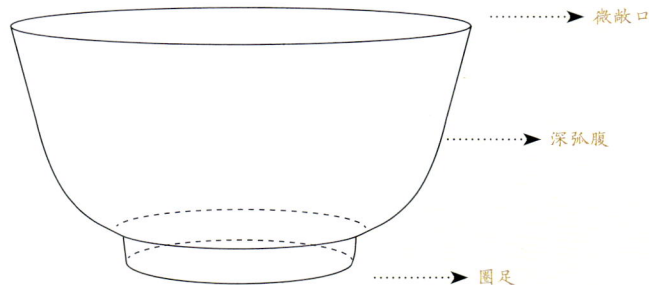

微敞口

深弧腹

圈足

胭脂红地夹白地粉彩婴戏图壮罐

● 看着孩子们玩耍的场景，听着欢声笑语，心情似乎都变好了许多呢。

[大清乾隆年制] 款
[清] 乾隆（1736—1796）| 中国北京故宫博物院藏

婴戏图由来已久，发展到明清时期，将表现人物与场景扩大，在清代逐步成为官窑瓷器上的一种程式化的象征图案，寓意多子多福、喜庆太平。这件婴戏图壮罐，用粉彩工艺绘制，以一幅连贯的婴戏图环绕罐身，共画16位孩童，他们三五成群，玩趣颇多，一派喜气洋洋、热闹非凡的场面。婴戏图搭配罐顶和底部的粉彩红地纹，整体主次分明，节奏明朗。

90-50-25-0 青花蓝	30-5-90-0 柳黄	65-20-50-0 葱青
0-35-10-0 桃夭	55-30-5-0 窃蓝	15-80-90-0 矾红
60-35-70-0 竹青	30-10-25-0 螺色	10-15-35-0 牙色
0-65-0-0 苏梅	4-20-70-0 蜜蜡黄	40-60-100-0 棕黄

纹样
Patterns

婴戏图在唐宋时期就已流行，一直持续到明清时期，通过描绘孩童玩耍、打闹的场景，表现出热闹、喜庆的氛围，以象征喜庆太平。此罐上描绘了16位孩童，也就是传统的"十六子"图，与"石榴籽"同音，两者皆用以表达多子多福的愿景。

婴戏图

图中描绘的场景为"社火"，这是一种民间流行的庆典活动。图中孩童在园中举灯、骑马、敲鼓、打镲、吹号、举狮戏球、燃放爆竹等，一派喜气洋洋、热闹非凡的场面。

如意云头纹

如意是一种装饰品，据传从"不求人"演变而来，称为如意，是取"如我心意"之意。它与云头纹相似，两者结合成为一种连贯的装饰纹样。

回纹　青花回纹，用一根线勾出的回纹称为"单回纹"，这里是以两个为一组进行二方连续排列。

菊花圆珠纽

罐顶的圆珠纽纹样，通过红、黄两种色釉的自然流淌形成花瓣形状，再勾勒轮廓以形成菊花状的效果。

卷花纹

以丁香、西番莲等花卉为核心，四周蔓延卷草的纹饰，使用粉彩绘制。

工艺
Handicraft Technology

此罐除了罐身的粉彩婴戏图以外，不同部分采用的釉料及工艺有很大区别，所以在烧制时工序也很复杂。

轧道粉彩

罐顶以红釉为地，用尖锐工具刻划出蔓草纹饰，再填以粉彩，称为"轧道粉彩"。

粉彩

罐身先施白釉烧制，后施玻璃白，再施色釉烧制，形成粉彩效果。

青花

罐口及罐近底处使用釉下青花施釉。

器型
Shape or Form

此罐在器型上被称为"壮罐"，它身形较为粗壮，罐身呈筒形，罐口及罐底收缩不多。这种带盖的壮罐并不多见。

拱形盖附圆珠纽

直口

短颈

直腹

圈足

粉彩制瓷图葵口碗

● 看这个碗上的图，就知道手里漂亮的碗是怎么做的。

[大清嘉庆年制] 款
[清] 嘉庆 (1796—1820) ｜中国北京故宫博物院藏

清代乾隆时期以后，我国出口的瓷器大多被运送到广州，再以海运的方式运到欧洲，后为了节约成本，在景德镇烧制出素瓷后，直接将其运输到广州，再由广州匠人绘制纹饰。这些瓷器花纹颜色艳丽，纹饰直白、内容量大，被称为"广彩"。这件粉彩制瓷图葵口碗便为广彩。它具有起伏如锯齿状的碗口，被称为"葵口"，口沿描金。碗口以下、碗腹中间偏上的位置，有一道往内收的折痕，是为"折腰"。纹饰上，选择了广彩里的常见风俗题材——烧炉图，也称"制瓷图"，展现了当时中国的社会风貌，这样的题材在欧洲市场广受好评与欢迎。

100-85-40-20	帝释青	0-65-0-0	苏梅
15-80-90-0	矾红	4-20-70-0	蜜蜡黄
10-15-35-0	牙色	40-60-100-0	棕黄
90-50-25-0	青花蓝	30-5-90-0	柳黄
5-65-90-0	橘红	55-30-5-0	窃蓝
60-35-70-0	竹青	30-10-25-0	缥色

纹样
Patterns

此碗的纹样主要围绕一幅制瓷图来表现，碗壁一周形成连续完整的出瓷步骤，以供外国人理解。根据步骤设置场景，巧妙地安排人物位置，形成具有故事感的连续画面。

补水控温

烧炉

督窑

由督窑官监督，匠人烧炉。在烧制过程中，需有其他匠人注意温度，时刻准备用水降温，以控制温度。

出窑

试样

审查

烧出的瓷器需先经过鉴定，匠人将出窑的瓷器运出后，立马取其中一两件给上级审查。

清洗

擦拭

套装

茭草

确认无误的瓷器经过简单清洗并擦拭干后，匠人会将它们一一套装起来，以便运输。另有匠人使用谷草对瓷器进行包装，这个过程叫作"茭草"。

监督管控

运输

瓷器出口的全过程由官员监督管控。瓷器被运输上船后，将远销海外。

工艺
Handicraft Technology

此碗坯釉纯净，釉色雪白，但壁纹饰采用粉彩工艺，色彩对比强烈，给人以金碧辉煌之感。其原因就在于其是采用景德镇烧瓷、广彩绘制的方式来制作的。

步骤①

景德镇制瓷施透明釉后，高温烧制出窑，运至广州。

步骤②

广州画师画图，再入窑以低温烧制。

器型
Shape or Form

折腰碗的器型早期并非如此，而是碗壁从上到下形成一个类似S形的弧度，到清代后发展变化到一种近乎夸张的程度。

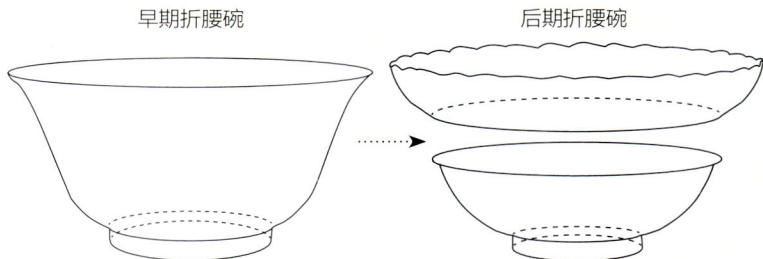

早期折腰碗　　　　　　　　后期折腰碗

清代中晚期出现的新折腰碗器型，主要是从茶盏的器型上得到灵感，那种下托上盏的分开结构与传统折腰碗结合，便形成了折腰葵口碗的造型。

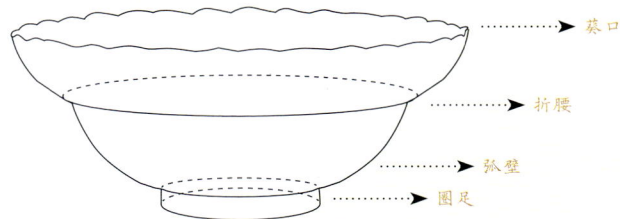

葵口

折腰

弧壁

圈足

永庆长春款红地粉彩花卉纹腰圆式花盆

● 美丽的水仙花，在夏天是否也能盛开？

[永庆长春] 款

[清] 光绪（1875—1908）│ 中国北京故宫博物院藏

15-80-90-0		矾红
65-20-50-0		葱青
60-35-70-0		竹青
30-5-90-0		柳黄
70-75-70-50		酱色
90-95-25-0		藏蓝
40-90-40-0		魏红
80-75-80-60		绿云

永庆长春款这件红地粉彩花卉纹腰圆式花盆，原本是水仙花盆。它的内侧及盆底施蓝釉，口沿为青花绘制的回纹，外壁以矾红彩为地，上面绘制了由"大雅斋"画师创作的一幅缠枝牵牛花图。清宫官窑烧制出许多精美的花盆，其中以色釉为地，上绘花卉纹的最佳，具有清新、娟秀的审美特征。正如此花盆，表面的花卉笔触清晰流畅，色彩对比强烈，布局疏朗，有大面积的留白，仅以此画论，就是一幅不俗的花卉小品画。

纹样
Patterns

花盆纹饰以一幅完整的缠枝花卉图为主。图中绘制了一串牵牛花，它缠绕于枝叶间，弯曲蔓延，盛开的花朵与含苞待放的花苞协调组合，生机盎然。大面积留白中有"大雅斋"题款，并钤"天地一家春"印。

枝叶纹

枝条硬朗，绘制笔触有刀石意，因花盆侧边较窄，这些枝条上下对穿或半穿，在整个画面中起到穿插、引导的作用。

牵牛花纹

蓝紫色的牵牛花自然分布于画面中，或整朵呈现，或半朵含着。叶片的阴阳向背，自然得体。牵牛花藤蔓卷曲蔓延，攀附而上，与枝条的硬朗形成了鲜明对比。

工艺
Handicraft Technology

此花盆采用低温釉铺底，再以粉彩绘制牵牛花。在工序上，此花盆与其他粉彩器一般无二，但其施釉类型颇为特殊。

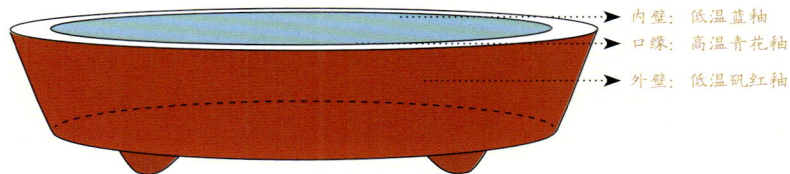

- 内壁：低温蓝釉
- 口缘：高温青花釉
- 外壁：低温矾红釉

此花盆的矾红彩并不纯粹，而是添加了少量铜红，所以颜色显得更为深沉，且略微发棕。

器型
Shape or Form

此花盆椭圆口，直壁且较厚，这是为了能承载压制水仙球茎的假山石。平底下承四足，足短且平。

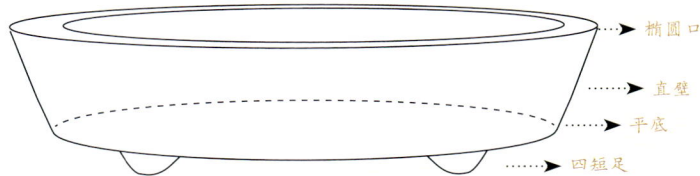

- 椭圆口
- 直壁
- 平底
- 四矮足

齋 雅 大

光绪款黄地粉彩八吉祥团花纹盘

● 黄地粉彩映日辉，八吉祥纹显瑞气。

[大清光绪年制] 款
[清] 光绪（1875—1908） | 中国北京故宫博物院藏

清代宫廷常烧制内黄外白的瓷器，但内外皆以黄釉为地的碟器并不多见。此盘烧制于光绪年间，所选的背景色釉为当时还比较新颖的柠檬黄釉，其色偏冷，色浅而有光泽感。盘内外皆绘制了大量的吉祥纹饰，几乎满铺瓷盘。它的外部绘制了3组缠枝卷草花卉纹，分别为牡丹、西番莲和荷花，分别代表富贵、美丽和佛德。内部盘底有一个完整对称的缠枝花卉纹饰，几乎将盘底占满，四周分布带有宗教含义的八吉祥纹，笔触清晰细腻，刻画精美。

绿色	30-10-25-0	鸭头绿	90-50-70-10	苏梅	0-65-0-0	青花蓝	90-50-25-0
细叶	10-15-75-0	桃天	0-35-10-0	矾红	15-80-90-0	竹蓝	55-30-5-0

纹样
Patterns

此盘纹饰数盘内边缘的八吉祥纹最为精美，匠人并不单单绘制了基础的八吉祥纹饰，而是将其与花卉纹饰有机组合。不同的吉祥纹饰搭配不同的花卉，想法新颖，更添美感。

莲花与月季
象征出淤泥而不染的品质与祥瑞美好。

法螺和牡丹
象征音闻四方、普世传达的佛法。

盘结和芙蓉
象征牺牲和献身。

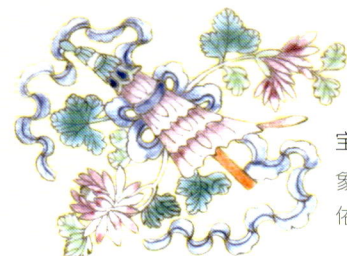

宝伞与菊花
象征佛法庇佑天下众生。

法轮和栀子
象征无限循环传播的教义。

白盖和夹竹桃
象征通过学习佛法而修成的正果。

双鱼和丁香
象征自在与解脱，也象征慧眼。

宝瓶和荼蘼
象征佛法清净无染、福智圆满。

工艺
Handicraft Technology

此盘采用柠檬黄釉为地，这是一种较晚进入我国的外来釉料，它的原料为锑黄，不耐高温。所以烧制柠檬黄釉瓷器，往往需使用三次烧成技术，进行多次低温烧制。

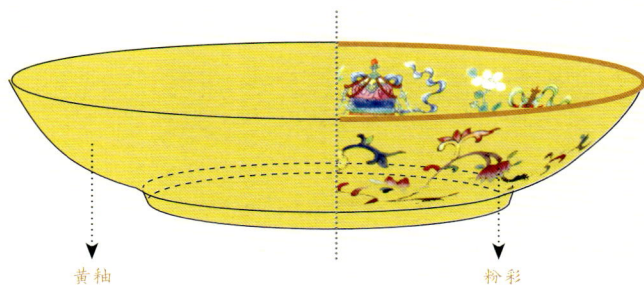

黄釉　　　　　　粉彩

步骤①
在已烧制好的素坯上整体施柠檬黄釉，入窑以1000℃的低温烧制。

步骤②
出窑后整体施薄层玻璃白，再绘制色釉纹饰，入窑以800℃的低温烧制。

器型
Shape or Form

此盘在器型上与清代晚期碟器一般无二，都是敞口、弧壁的基本造型，较特殊的是因烧制时采用覆烧工艺，故而盘口沿进行了描金处理。

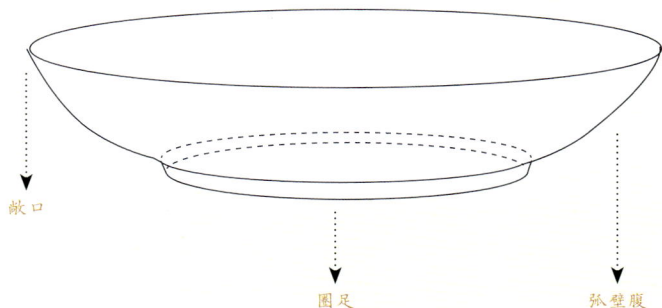

敞口　　　　圈足　　　弧壁腹

永庆长春款粉彩花鸟图蒜头瓶

● 粉彩瓶绘花鸟图，春意盎然满瓶腹。

永庆长春

[永庆长春]款
[清]光绪（1875—1908）| 中国北京故宫博物院藏

60-0-10-0	蓝	40-90-40-0	魏红	30-5-90-0	葱青
0-0-0-85	墨色	15-80-45-0	海棠红	30-5-50-0	欧碧
10-15-75-0	细叶	30-40-0-0	紫薄叶	65-20-40-0	二绿

若以绘制的精致入微程度论，清代宫廷画师已是登峰造极。尤其是其中的花鸟画作品，打破了自宋代以来花鸟小品画空灵、深幽的格局，形成了一种清新朴实、自然娟秀的面貌。这件永庆长春款粉彩花鸟图蒜头瓶表面的纹饰就出自宫廷画师。画中有3种植物，矮者如灌木拥挤，高者似乔木难攀。画面平铺直叙，直观地表现出了植物的风貌和姿态，一只昂首鸣叫的小鸟恰当地攀立于树枝上，结合这蒜头瓶的器型特征，形成了从下往上，三段式的构图欣赏顺序，立意明确，层次分明。此瓶是典型的瓷与画相辅相成，相得益彰的作品。

纹样
Patterns

瓶上绘制的花鸟图中包含3种植物，分别是紫丁香、海棠和白丁香，3种植物都有独特的姿态特征，小鸟攀立在树枝上，蓝羽黄喙，昂首作欲飞状。整体色彩粉嫩清爽，使得整个花瓶的底釉更显纯粹。

紫丁香
以深浅绿色区分叶片向背，紫丁香全部为花苞状态，状似核钉，呈串状分布。

小鸟
小鸟蓝羽黄喙，攀立于树枝上，似站立不稳，表现出欲飞状，给画面增加了动感。

海棠
海棠花花朵与花苞并存，花朵五瓣，花心白色，外围粉紫色，两色形成渐变过渡。花枝硬朗，略带弧度，似有弹性。

白丁香
白丁香盛开，繁密紧凑，占了花瓶底部较大空间，叶片从花朵周围长出。

工艺
Handicraft Technology

此瓶采用粉彩工艺，先在烧制好的素坯上施玻璃白，再画纹饰。纹饰采用双勾填色的技巧，每一片叶片、花瓣都单独填色，工程量巨大，但效果甚佳。

步骤①
在素坯上施白釉，以1300℃的高温烧制至窑温后出窑。

步骤②
施玻璃白，接着绘制纹饰，先用墨色勾勒轮廓，然后在每一个封闭轮廓中填上对应色釉。入窑以低温烧制。

墨线与色釉的厚薄不同，烧成后，色釉处较厚，而墨线处较薄。视觉上，每一片花瓣都有一种浮雕效果，更显立体。

器型
Shape or Form

此瓶采用蒜头瓶造型，明清时期较为流行，因为这样的瓷器通常为陈设器，在造型上比一般实用器起伏更大，姿态更加优美。

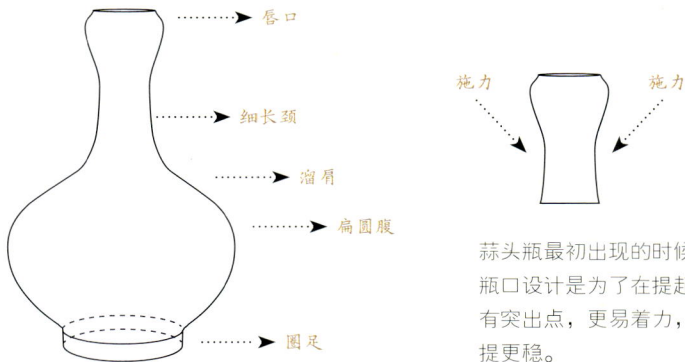

唇口

细长颈

溜肩

扁圆腹

圈足

施力　　施力

蒜头瓶最初出现的时候，瓶口设计是为了在提起时有突出点，更易着力，手提更稳。

16世纪以后，瓷器的制作配方与制作工艺已不再是秘密，世界各地的许多国家和地区都开始生产瓷器，中国不再是唯一生产瓷器的国家。面对突然涌现的众多竞争对手，除了保证产品的高质量，新颖瓷器的创烧也必不可少。

在过往经验和秘而不宣的工艺的加持下，从明清时期开始，中国制作出许多造型新颖、工艺独特，且更加奇妙精美的瓷器。这些瓷器，体现出大国工匠高超的技艺、顽强的探索精神，以及不竭的创作灵感。

珐琅彩鹰鹤龙纹蒜头瓶

[清]乾隆（1736—1796）｜普林斯顿大学艺术博物馆藏

很早以前，一种将无机玻璃质材料通过熔融凝于基体表面并使之牢固结合的技术，从拜占庭帝国传入我国，因时人称拜占庭帝国为"拂菻"，便用这个名称命名这种技术。到了清代，皇帝命令制瓷匠人将这种技术设法移植到瓷器上，经过多次尝试和努力，便有了一种全新的瓷器装饰技术，而这种"拂菻"技术也随着中国人口语的变化，有了正式的名称——珐琅。

这件珐琅彩鹰鹤龙纹蒜头瓶创烧于珐琅彩成熟时期，整件瓷器表面有玻璃光泽，色釉光鲜亮丽，色彩通透如水，充分体现了珐琅彩的特点，那就是所画纹饰与底釉界限分明，互不干扰，纹饰清晰明了，无论是鹰、鹤、龙纹，还是微小的细节都十分清晰。它真正做到了将绘画艺术完整地、不打折扣地搬到了瓷器上。

外胭脂红内珐琅彩花卉纹盘

● 娟秀玲珑的盘中花，犹如绽放的盛夏。

无款

[清] 雍正（1723—1735）｜英国 V&A 博物馆藏

在明代珐琅这种技术主要用于金属器皿的防锈，到了清代康熙年间，开始创烧，并将此技术应用于瓷器装饰的珐琅工艺，命名为"珐琅彩"。珐琅彩瓷器造价高昂，工艺烦琐，所以整个清代可考证的珐琅彩瓷器仅有400余件，且几乎都是小器型。这件外胭脂红内珐琅彩花卉纹盘烧制于装饰绘画最有格调的雍正时期，它外部采用新颖的胭脂红釉满施，内部用珐琅釉绘制了两株折枝小花，颜色鲜亮，结构清晰。此盘虽器型朴素，但釉彩和纹饰的加成，让它拥有一种优雅、端庄、令人陶醉的美感。

4-20-70-0 蜜蜡青	45-95-85-10 胭脂	0-35-10-0 桃夭
60-2-55-0 大绿	30-5-90-0 柳黄	65-20-50-0 葱青
60-95-100-5 枣皮红	0-50-15-0 豇豆红	0-60-80-10 丹色

纹样
Patterns

此盘纹饰简单，外壁满施胭脂红釉，内部以白釉为地，上用珐琅彩绘制折枝花卉两枝，花枝缠绕，形成一团纠合花纹。清晰明了的纹饰轮廓，色彩艳丽的花叶特征，让简单的两枝花卉生机盎然。

花卉纹

纹饰前面为一枝黄色秋葵，花瓣平摊硕大，叶片五裂如掌，在画面中占据核心位置。背后穿插一枝红色夹竹桃，花朵略小，颜色鲜红，与秋葵相映成趣。

秋葵

夹竹桃

器型
Shape or Form

此盘造型朴素，端庄典雅。整件瓷器的轮廓起伏平缓，且圈足较大，看上去有一种稳定之感。

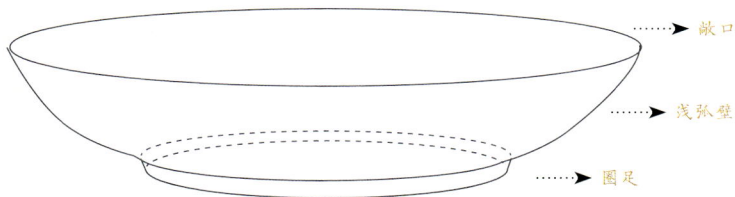

敞口

浅弧壁

圈足

工艺
Handicraft Technology

盘内花卉纹采用珐琅彩工艺，珐琅彩的原料昂贵，需要色釉、珐琅和多尔门油按照特定比例融合。烧制时工序烦琐，需多次入窑烧制，且每一步都须严格控制温度。

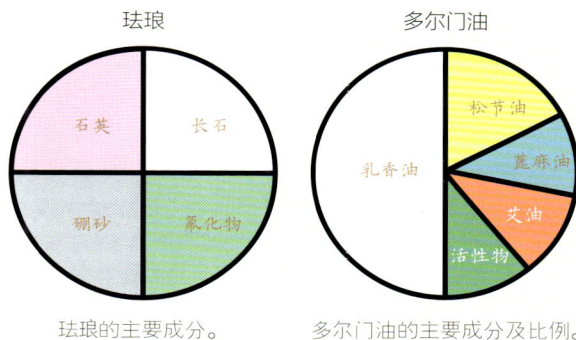

珐琅

石英　长石

硼砂　氧化物

珐琅的主要成分。

多尔门油

松节油

蓖麻油

乳香油

艾油

活性物

多尔门油的主要成分及比例。

多尔门油原本全依赖进口，后中国匠人经过不断尝试，才配制出理想的新多尔门油。有了它，色釉才能与珐琅融合，并附着在瓷面。

珐琅彩烧制

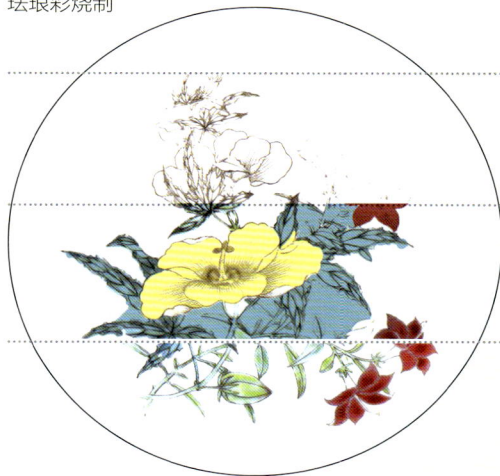

步骤①

在素坯上施透明釉，入窑以1300℃的高温烧制确定瓷性。

步骤②

用墨彩等对纹饰轮廓进行勾勒，入窑以1100℃的中高温烧制。

步骤③

以珐琅彩施底色，入窑以600℃～800℃的低温烧制。

步骤④

以珐琅彩施套色（细节颜色），入窑以600℃以下的低温烧制。

使用不同类型、不同原料的珐琅彩，烧制时的温度有所不同，但具体的温度，是有经验的匠人的秘密。

粉彩加珐琅彩开光山水纹转颈瓶

● 装饰艺术和瓷器制作技艺的完美结合也许就是如此吧！

[大清乾隆年制] 款
[清] 乾隆（1736—1796 ） | 中国北京故宫博物院藏

古代瓷器制造工艺在清乾隆时期达到鼎盛，粉彩与珐琅的结合极富创造性，转颈瓶的设计也难度极大。乾隆皇帝颇好丹青翰墨，一生作诗无数，此瓶以蓝地锦上添花折枝西番莲纹为地，均匀分布4处圆形开光，4处圆形开光中依次绘制代表四季的山水图，并在画面空白处题写乾隆皇帝御制诗中与春、夏、秋、冬有关的诗句。欣赏时，通过转动双耳始终处于瓶颈正面两侧，以欣赏观察不同的开光画面。

0-35-10-0	桃夭	90-50-25-0	青花蓝
100-85-40-20	帝释青	60-95-100-5	枣皮红
15-80-90-0	矾红	60-2-55-0	大绿
55-10-35-0	松石绿	5-65-90-0	橘红
30-5-90-0	柳黄	4-20-70-0	蜜蜡黄
60-0-10-0	蓝	80-55-80-20	松柏绿
15-65-60-0	琼琚	0-0-0-85	墨色
0-65-0-0	苏梅		

150

纹样
Patterns

此瓶整体为蓝地，满瓶勾勒卷草细纹，瓶身画西番莲纹。瓶颈处画锦带花枝，为"锦上添花"纹；瓶口处画火焰宝珠纹，内置西番莲纹居中。整体花团锦簇，富贵大方。

开光四季山水图

瓶身均匀分布4处圆形开光，按春、夏、秋、冬的顺序依次绘制代表四季的山水图。诗后皆有阳文"乾隆宸翰"及阴文"惟妙精进"两枚方形印章。

春诗："春到人间饶富丽，柳烟花雨总宜人。"

夏诗："风皱谷纹回远濑，霞堆峰势映明川。"

秋诗："澹月梧桐影，轻风萝薜香。"

冬诗："梅帐春融雪，松窗月舞龙。"

锦上添花纹

横"8"字锦带，上缀鸡冠、石竹、卷草等花卉草叶纹饰，为"锦上添花"纹。

工艺
Handicraft Technology

此瓶采用粉彩和珐琅工艺，工序烦琐，且需多次入窑烧制，并结合转颈工艺。烧制时，瓶口、瓶颈和瓶身分开烧制，完成后以榫卯方式进行组装。

瓶口、瓶颈和瓶身分别制作烧制，完成后以榫卯方式组装在一起。

瓶口
瓶耳
粘连处
卡槽
瓶身

步骤①

内胆及圈底施松石绿，瓶身施蓝料，烧制后取出。

步骤②

釉上绘彩，在绘制花纹前，先用玻璃白铺底。

步骤③

在玻璃白上施彩，通过乳浊反应，让颜色产生粉化效果。

步骤④

熔融无机玻璃质材料，使其牢固凝于釉上。

器型
Shape or Form

此瓶撇口，束颈，鼓腹，腹下渐收，圈足微撇，颈部两侧各置一垂带耳。瓶身以圆形开光进行装饰，纹样主次分明，立体感强。

撇口
束颈
垂带耳
鼓腹
腹下渐收
圈足微撇

乾隆款霁蓝金彩海晏河清尊

● 霁蓝如深海，金彩映河清！

| 15-20-60-0 | 金色 | 55-10-35-0 | 松石绿 | 30-5-90-0 | 柳黄 | 95-95-30-0 | 绀蓝 |
| 4-20-70-0 | 蜜蜡黄 | 0-90-55-0 | 火红 | 0-35-10-0 | 桃夭 |

[大清乾隆年制]款

[清]乾隆（1736—1796）| 中国国家博物馆藏

珐琅彩瓷器几乎都是小器型瓷器，但这件乾隆款霁蓝金彩海晏河清尊，却是难得一见的大器，它原本为圆明园海晏堂的陈设器，通体施霁蓝釉，瓶颈和瓶腹以金线描绘纹饰，肩颈间贴一对白色展翅剪尾燕子为耳，尊底以浮雕莲花纹环绕一周。整件瓷器包含多种工艺——霁蓝釉、贴塑、描金、浮雕等，充分证明了清代乾隆时期瓷器制作工艺已达到巅峰。

纹样
Patterns

此尊以霁蓝釉为地，表现河水澄清，肩颈贴一对白色海燕，燕通"晏"，所以象征"海晏河清"，寓意四海承平。瓶身的描金纹和瓶底的浮雕莲花纹丰富了整体的视觉感受。

→ 蕉叶纹
→ 如意纹
→ 如意云头纹

颈肩部描金纹

颈部以蕉叶纹和如意纹交替联排，蕉叶纹密而如意纹疏，形成对比效果。肩部绘如意云头纹，内部填小花纹结合卷草纹。

腹部描金纹

腹部以莲花纹为核心，花瓣四散舒展，连接卷草蔓花纹，因纹饰全部都用线条绘制，所以看起来很繁密，带有佛教绘画风格。

→ 莲瓣
→ 莲蓬
→ 散点纹

浮雕莲花纹

莲瓣采用有立体感的浮雕设计，交替的花瓣包裹着莲蓬，下方为连续散点纹。

燕子贴件

展翅剪尾燕子造型，翅羽舒展，尾部带有明显的燕子特征。整体施白釉，为单独制作，使用贴塑工艺与器身结合。

工艺
Handicraft Technology

此尊采用的制作工艺非常丰富，集合了当时较为复杂的几种工艺，体现出天朝盛世制作瓷器不计成本，刻意求精的特征。

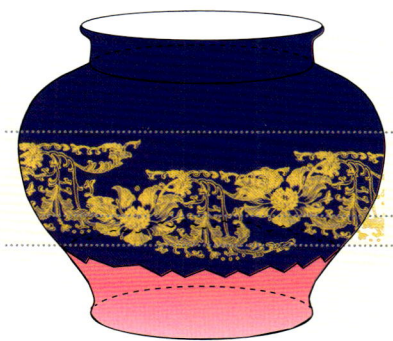

步骤①

内施白釉，外施霁蓝釉，入窑以1300℃烧制。

步骤②

使用鎏金工艺进行描金，加热至300℃烘烤。

步骤③

附加胎质，浮雕莲花纹，并施釉烧制。

器型
Shape or Form

此尊造型端庄大气，体型浑圆，为清宫陈设器，燕形耳与底部浮雕设计巧妙新颖，为盛世精品。

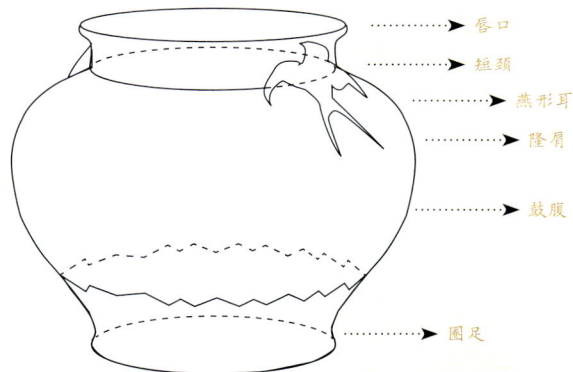

→ 唇口
→ 短颈
→ 燕形耳
→ 隆肩
→ 鼓腹
→ 圈足

乾隆款珐琅彩锦地团花八吉祥纹碗

● 锦地生花，福寿无量，同心同德，吉祥绵长。

[乾隆年制]款
[清]乾隆（1736—1796）| 中国北京故宫博物院藏

众所周知，清代乾隆时期的瓷器以豪奢的装饰、复杂的工艺而闻名，在同一件瓷器上，
大多会用纹饰满绘周身，几乎不留空白。这件珐琅彩锦地团花八吉祥纹碗，内施白釉，
碗底用红釉绘平远江山。外壁满施娇黄釉，暗刻锦纹，在此基础上，画四团花，间隔画
四吉祥纹。纹饰颜色粉嫩，在黄地的衬托下，显得金碧辉煌。

0-65-0-0	苏梅	0-35-10-0	桃夭
10-15-75-0	缃叶	30-5-90-0	葱青
55-30-5-0	窃蓝	55-10-35-0	松石绿
15-80-90-0	矾红	30-10-25-0	缥色

纹样
Patterns

此碗外壁满绘纹饰，不留空白，这是乾隆时期瓷器的一大特点。这种以线条纹饰铺满色釉地，再在上面画花卉等纹饰的装饰方法，被称为"锦上添花"。

平远江山

在碗内底以红彩绘制的山水图，仿元代倪瓒画平远山水的笔法，表现万里江山的辽阔。

锦纹

用重复的线条勾勒的几何图形，通过四方连续的方式组合，模拟绸缎的样式。

寿字团花纹

中间为"寿"字纹，寓意健康长寿。四周以缠枝卷草、花卉纠合的形式包裹一圈，形成花团锦簇的视觉效果。

卷草纹

碗底绘制单线卷草纹，线条流畅清晰，简易的卷草纹与相对繁重的碗身纹饰形成对比，起到平衡作用。

四吉祥纹

四吉祥纹是从八吉祥纹中选取的，从左到右分别是：法螺纹、法轮纹、宝伞纹、盘长结纹。它们下方都以莲花为托，并以蔓延的卷草衬托。

工艺
Handicraft Technology

此碗采用珐琅彩的烧制工艺，整体都采用低温釉的烧制工艺，重点在于温度的控制，这样才能保证黄地团花的釉色发色良好。

步骤①

步骤②

步骤③

步骤①

素坯施娇黄釉，并用尖锐器物暗刻锦纹。

步骤②

施珐琅彩绘制团花与四吉祥纹等，以600℃的低温烧制。

步骤③

施透明釉，入窑后以600℃烧制较短时间。

器型
Shape or Form

此碗与同时期碗器造型类似，碗口沿下方微微内收，形成撇口，碗腹下方鼓起，轮廓流畅，造型端正。

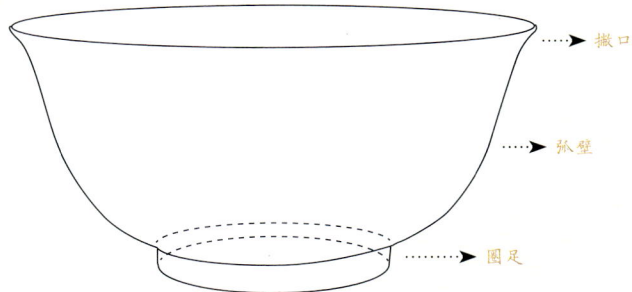

撇口

弧壁

圈足

乾隆款珐琅彩花卉纹瓶

● 花好月圆夜，青云挂高天，暮晓春来迟，玉英落石边。

55-30-5-0	窃蓝	45-95-85-10	胭脂
0-35-10-0	桃夭	100-5-0-5	湛蓝
60-2-55-0	夭绿	65-20-50-0	葱青
5-65-90-0	橘红	0-65-0-0	苏梅
10-15-75-0	缃叶	30-5-90-0	柳黄

[乾隆年制] 款

[清] 乾隆（1736—1796）| 中国北京故宫博物院藏

此乾隆款珐琅彩花卉纹瓶，不仅器型小巧玲珑，且由于瓶壁非常薄，所以重量很轻。这种很薄的胎壁甚至让它微微有了透明感，且珐琅彩似乎深入胎体，隐隐有沁入之感。此瓶的器型仿玉壶春瓶的造型，瓶口收缩成为小口，专供插入梅花等消瘦冷艳之花，只需插三两枝花便能给人孤傲、遗世独立的美感。瓶身绘制山石花卉纹，意境朦胧，这样的纹饰风格与大部分乾隆时期的瓷器不同，是当时为数不多的、非满绘纹饰瓷器中的精品。

纹样 Patterns

此瓶瓶身绘制有一幅山石花卉图，山石以蓝釉设色，石边伴生牡丹、玉兰，采用多种色釉绘制，色彩丰富而艳丽。瓶口下绘制一圈青云纹，青云纹留白并以墨线勾勒，背景用蓝釉衬托。

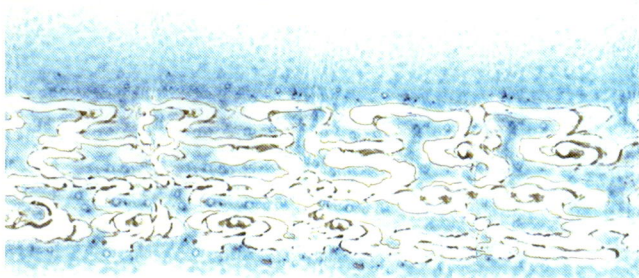

青云纹

此云纹采用流云纹方式表现，中间留白，底部用蓝釉衬托，表现天空。青云纹蜿蜒扭转，犹如青烟缭绕，意境深远。

山石花卉纹

勾勒山石后，用蓝釉填色，石边伴生花卉，以牡丹为主，分红、白两色。山石旁还有一枝玉兰，用双勾法绘制。

诗文

诗文为"艳阳轻雨湿芳菲"，钤"本同味""旭""映"3枚印章。"本同味"代表此件瓷器品级；"旭""映"二章为对"旭映"的拆分，清代粉彩花卉作品上常有此二章，表示辉映旭日。

工艺 Handicraft Technology

此瓶采用珐琅彩烧制工艺，色釉有结晶感，且为了表现整体纹饰处于月下石旁的氤氲朦胧感，采用了喷釉的方式，这样可使釉色均匀、自然地分布在瓷器上。

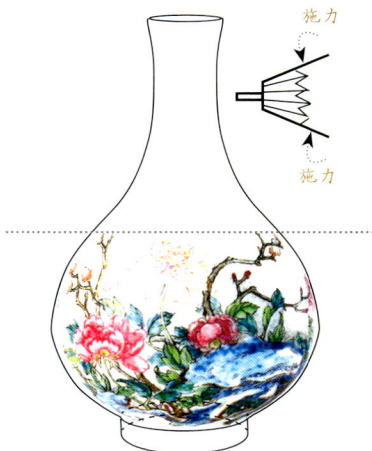

喷釉

喷釉需用到喷气施釉器，双手用力夹，里面的色釉便呈雾状阵阵喷出，从而形成自然的喷洒效果。

步骤①

经过高温烧制定性后，施珐琅彩绘底色，入窑后以600～800℃的低温烧制。

步骤②

使用珐琅彩绘制细节，入窑后以600℃的低温烧制。

器型 Shape or Form

此瓶的造型模仿了玉壶春瓶的造型，但瓶口缩得更小，整体小巧玲珑，曲线流畅。

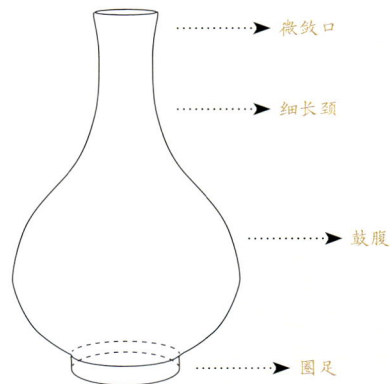

微敛口

细长颈

鼓腹

圈足

乾隆款画珐琅西番莲纹椭圆瓜棱式盒

● 让我看看今天用什么颜色的胭脂好呢？

[乾隆年制]款

[清]乾隆（1736—1796）| 中国北京故宫博物院藏

这种椭圆瓜棱式盒是专门用于存放女性的胭脂的器皿，由盖、身两部分组成，纵向锤揲出等距的凹下条纹，使盒体呈现出丰满的瓜棱。在8瓣瓜棱突出处绘制西番莲纹，分别用红、黄、蓝三色绘制，花纹疏朗，色彩明艳，十分精美。这种胭脂盒被称为粉盒，小巧玲珑，便于携带，在清代至民国时期比较流行。

90-50-70-10	鸭头绿	60-95-100-5	枣皮红
60-0-10-0	蓝	60-2-55-0	大绿
45-95-85-10	胭脂	15-20-60-0	金色
35-0-65-0	松花绿	90-50-25-0	青花蓝
0-35-10-0	桃夭	40-35-0-0	雪青
4-20-70-0	蜜蜡黄	80-55-80-20	松柏绿

纹样
Patterns

此盒整体以藕荷色为地，在8瓣瓜棱突出处绘制西番莲花纹，盒顶与底部正中为西番莲纹变形与团花纹组成的宝相花纹。

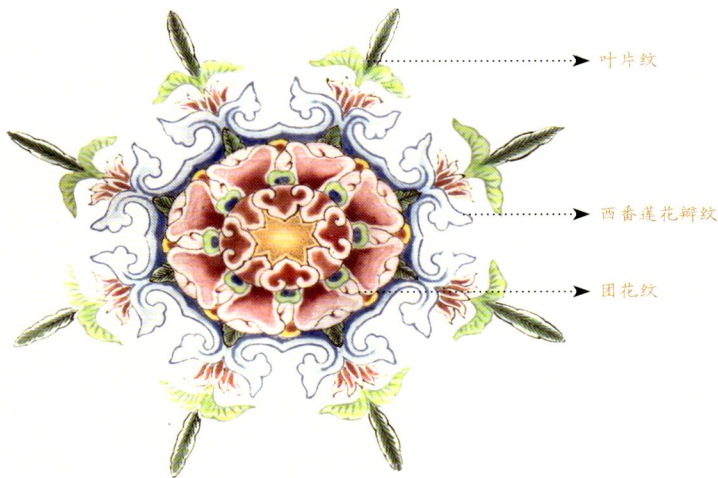

→ 叶片纹

→ 西番莲花瓣纹

→ 团花纹

宝相花纹

这是一种结合多种花卉纹饰的复杂花纹，它以一种团花为原型，通过叠加西番莲花瓣纹、叶片纹等纹饰，组合为一种全新的、繁复的、精美的花卉纹饰。

西番莲纹

西番莲纹流行于清代，它的花瓣卷曲多褶，造型优美，加之整体绽放时犹如莲花，结合忍冬纹变形的叶片，能形成多种造型。

工艺
Handicraft Technology

此盒的制作采用了多种工艺，盒分盖、身两部分，需分开制作，且制作完成后还需完全套合，无缝隙。

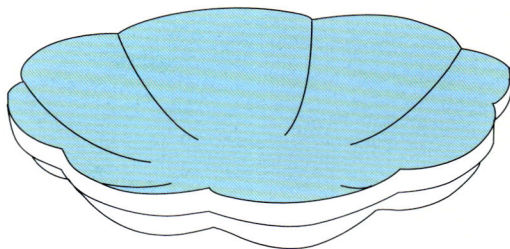

盒身及盒盖内部都施蓝釉，它属于低温釉，需以800℃以下的温度烧制才能呈色良好。

→ 藕荷地

→ 珐琅釉

盒面以藕荷色釉为地，烧制完成后施珐琅彩再烧。

→ 鎏金

盒盖、盒身套合处用鎏金工艺处理。

器型
Shape or Form

此盒整体如碟状，盒面近椭圆形，棱分8瓣，每瓣边缘凸起，似花朵造型。

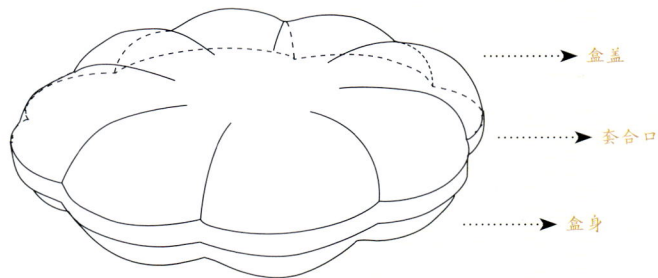

·······► 盒盖

·······► 套合口

·······► 盒身

淡黄地珐琅彩兰石纹碗

0-35-10-0 桃夭   60-2-55-0 大绿   30-10-25-0 缥色   0-0-0-85 墨色

30-5-90-0 葱青   35-0-65-0 松花绿   4-20-70-0 蜜蜡黄   0-0-0-100 黑

● 深谷幽兰，照样可以搬到家里。

[雍正年制] 款
[清] 雍正（1723—1735）| 中国北京故宫博物院藏

雍正时期的瓷器纹样以娟秀、儒雅而闻名。在雍正时期，珐琅彩还处于早期发展阶段，皇帝命匠人制作珐琅彩瓷器时，虽沿袭康熙时期在色地上绘花卉的做法，但绘制更多的是大幅精美的花鸟图，而后新增各种不同的山石花鸟题材，更配以诗句、印章，且后期逐渐脱离铜胎画珐琅的影响，发展成集诗、书、画、印于一体的白地珐琅彩瓷，形成了独特的儒雅风格。

纹样 Patterns

此碗内施白釉，外部以淡黄釉为地，上面只绘兰石图一幅，且留白较多，搭配题款、印章，充分体现文人画的格调和审美。兰花象征君子，洞石比喻坚韧品格，这充分反映了雍正时期整体儒雅的文化氛围。

兰石图

洞石以墨彩绘制，色彩对比强烈，造型硬朗，轮廓清晰。石边伴生幽兰几丛，兰叶飘摇，穿插间似有生意，兰花娇俏，刻画精细，仿佛能闻到花香。左边石旁还画有灵芝两朵，起点缀作用。

诗文

题写"云深琼岛开仙径，春暖芝兰花自香"七言诗句，引首钤"佳丽"，句末钤"金成""旭映"3枚胭脂彩篆体闲章。

工艺 Handicraft Technology

此碗采用珐琅彩制作工艺，纹饰极为精美，这与严格把控烧制技术，控制烧制温度与时间有直接关系。

步骤①

瓷器定型后，内施白釉，外施淡黄釉，入窑以1100℃烧制。

步骤②

用墨彩勾勒纹饰轮廓，入窑以800℃烧制。

步骤③

在轮廓内填以珐琅彩，入窑以600℃烧制。

器型 Shape or Form

此碗体撇口微张，展现出流畅而优雅的线条美；弧壁柔和，手感圆润；圈足稳健，体现了制瓷匠人的精湛技艺。

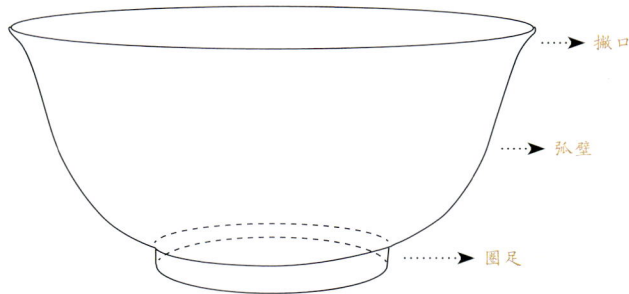

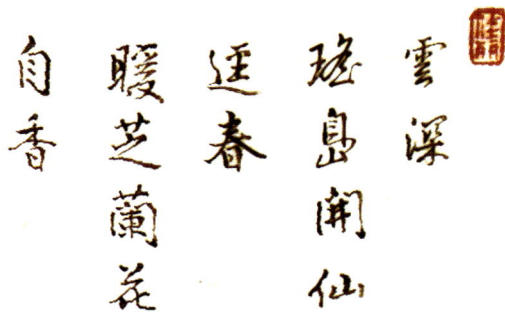

撇口
弧壁
圈足

乾隆款珐琅彩花卉山石纹诗句瓶

● 夕吹撩寒馥，晨曦透暖光。

[乾隆年制]款
[清]乾隆（1736—1796）｜中国北京故宫博物院藏

此瓶造型端庄秀美，胎体轻薄细腻，以红、黄、绿、粉、蓝等色绘姹紫嫣红的花朵，花朵在如雪似玉的釉面上显得娇艳妩媚，栩栩如生。画面布局继承中国绘画融诗、书、画、印为一体的传统，颇具艺术感染力。瓶上以各色珐琅彩料绘月季、南天竹、蜡梅、兰花、山石等图案，笔触细腻，细节丰富，虽画的内容很多，且花枝相互穿插，但并不显得凌乱，充分体现了瓷器的绘画之美。

60-2-55-0	大绿	30-5-90-0	柳黄
5-65-90-0	橘红	55-30-5-0	窈蓝
10-15-75-0	细叶	0-35-10-0	桃夭
90-50-70-10	鸭头绿	0-0-0-85	墨色
65-20-50-0	葱青	45-95-85-10	胭脂
0-65-0-0	芍梅	100-5-0-5	湛蓝

纹样
Patterns

瓶上纹饰花卉以蜡梅为主，枝条高昂挺拔，左右延伸，将内部的其他花卉包裹起来，使得内部杂乱的花草得到整理和约束。整体表现出枝繁叶茂、生机盎然之感。

蜡梅

枝条硬朗，以直线为主，上面分布黄色蜡梅花，并画有开放、半开、花苞等各种生长状态。

水仙、灵芝、青苔

水仙叶片挺立，造型优雅，花朵隐现于叶片间。下方有两朵灵芝，一起生长在青苔上。

水仙 ◄
灵芝 ◄
青苔 ◄

南天竹

其叶如竹叶，果实绯红成串，颇为喜庆。

月季

冬日月季犹如遗世仙子，花色娇嫩，花瓣从外到内逐朵绽放，最终变得硕大如球。

诗文

"夕吹撩寒馥，晨曦透暖光。"出自宋代诗人杨万里《蜡梅》一诗。

夕吹撩寒馥 晨曦透暖光

工艺
Handicraft Technology

此瓶胎体轻薄，底釉纯净雪白，透光感强。瓶身绘冬日花卉组合，用珐琅彩施色，颜色娇嫩粉润，有强烈的光泽感。

步骤①

素坯施白釉，入窑以1300℃的高温烧制定性，取出后自然放至冷却。

步骤②

以珐琅彩绘制花纹，入窑以600℃烧制。

器型
Shape or Form

此瓶为酒瓶，其上下两端小巧，中间膨大，是乾隆时期创烧的一种新器型，乾隆时期后，这种器型便不再烧制。

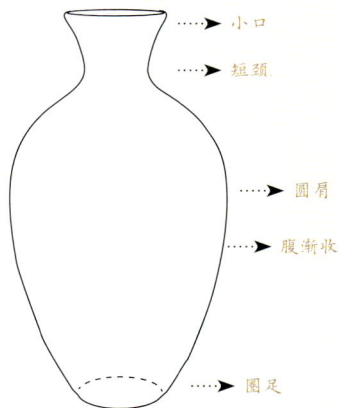

小口
短颈
圆肩
腹渐收
圆足

小观音尊

此瓶的器型灵感来自雍正时期的观音尊，但相比之下，此瓶体型更加粗壮，整体偏圆润。

康熙御制款胭脂红地珐琅彩开光折枝牡丹图碗

● 一个喜庆热烈、红艳优美的碗，怎能不让人食欲大增呢！

[康熙御制]款

[清]康熙（1662—1722）｜中国北京故宫博物院藏

30-5-90-0	柳黄	90-50-25-0	青花蓝	45-95-85-10	胭脂
55-30-5-0	窃蓝	60-2-55-0	大绿	10-15-75-0	缃叶
30-10-25-0	缥色	0-35-10-0	桃夭	90-50-70-10	鸭头绿
15-80-90-0	矾红	40-35-0-0	雪青	0-65-0-0	苏梅

珐琅彩瓷器从康熙朝晚期才开始烧制，这一时期的珐琅彩瓷器有一些早期珐琅彩瓷器的缺陷，比如因使用成品白釉瓷或前朝永乐白瓷，制成珐琅彩后显得瓷胎略厚。并且这些瓷器的纹饰都统一由宫廷造办处的画师绘制，所以纹饰多属定式，而无太多创新。康熙时期的珐琅彩瓷器在整体上有着工整端庄的气韵，在色釉使用、纹饰绘制上往往都采用宁多勿少的制作思路，这件康熙御制款胭脂红地珐琅彩开光折枝牡丹图碗正是如此。它表面的纹饰由3个开光牡丹团花纹和3个缠枝牡丹纹组成，开光牡丹团花纹完全一致，缠枝牡丹纹仅花瓣颜色不同。但它以浓厚饱满的胭脂红为地，包括纹饰上的黄、红色釉等也都非常饱满，线条勾勒一丝不苟，圈足处的色釉分界完全水平。这都表现了早期制作珐琅彩瓷器时，匠人认真仔细、精益求精的精神。

纹样
Patterns

此碗表面的纹饰只用了开光牡丹和缠枝牡丹两种造型体例，但仔细观之，它不仅有色釉浑厚的优点，一个纹饰往往由多种纹饰组合而成，并且勾勒的线条清晰，从而显得层次十分丰富。

→ 海浪纹

→ 黄釉地

→ 牡丹团花纹

开光牡丹团花纹

碗身绘制了3个完全一致的开光牡丹团花纹，它以翻滚澎湃的海浪纹为轮廓，内地黄釉满铺，中间绘制一朵饱满的牡丹花，四周叶片分散。轮廓的动与内部花朵的静形成鲜明对比。

缠枝牡丹纹

3个缠枝牡丹纹间隔分布在开光牡丹团花纹之间，它们的造型完全一致，仅花瓣颜色不同，分别为姹紫、绿、水蓝三色，纹饰轮廓清晰流畅，枝叶呈卷草状。

工艺
Handicraft Technology

早期制造珐琅彩瓷器时，匠人严格遵循制作流程和工序，不轻易省略步骤或原料，所以如今我们看到的康熙时期的珐琅瓷器的保存情况要好于清代晚期的瓷器。

步骤①

使用细白瓷，先在碗外壁满施胭脂红釉，入窑以800℃的低温烧制。

步骤②

用白釉涂出需要绘制纹饰的部分，然后以墨线勾勒轮廓，入窑以600~800℃烧制。

步骤③

在纹饰轮廓基础上，填涂珐琅彩，入窑以600℃的低温烧制。

因康熙时期珐琅瓷器用料宁多勿少，使用的胭脂红釉较厚，所以此碗整体底色较深且偏紫。

器型
Shape or Form

碗直口微撇，深腹，腹下渐收，圈足。它符合康熙时期碗器的造型特点，碗口沿下方内收幅度小，碗腹整体浑圆。

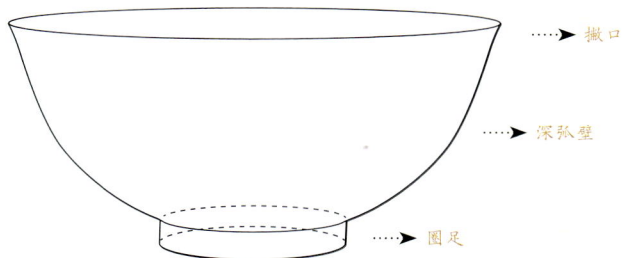

····→ 撇口

····→ 深弧壁

····→ 圈足

乾隆款绿地粉彩包袱式瓶

● 这种创意无限、花纹繁复的瓷器，乾隆皇帝最喜欢。

[大清乾隆年制]款
[清]乾隆（1736—1796）| 中国北京故宫博物院藏

这种包袱式瓶，其器型一般是在瓶身上饰一凸雕的包袱巾或者束带。"包袱"谐音"包福"，且由于其器型独特，纹饰优美，寓意美好，因此在瓷器造型相对另类的乾隆时期很受欢迎，成为流行的御用陈设器。这件包袱式瓶，整体以松石绿釉为地，采用多种工艺塑造而成，绿地瓶身和深红的束带形成鲜明对比，视觉效果强，十分吸引人的眼球。

细叶	10-15-75-0		
缥色	30-10-25-0	青花蓝	90-50-25-0
蔚蓝	50-0-15-0	桃夭	0-35-10-0
大绿	60-2-55-0	火红	0-90-55-0
松花绿	35-0-65-0	洛神珠	25-95-100-0

纹样
Patterns

此瓶整体以松石绿釉为地，上有数棱，每棱凸上绘制一列连贯的缠枝卷草西番莲纹，左右两列分别用不同颜色填涂，交替铺满瓶身。另有瓶口的如意云头纹，加上瓶腹的红色凸雕束带，整体让人眼花缭乱，目不暇接。

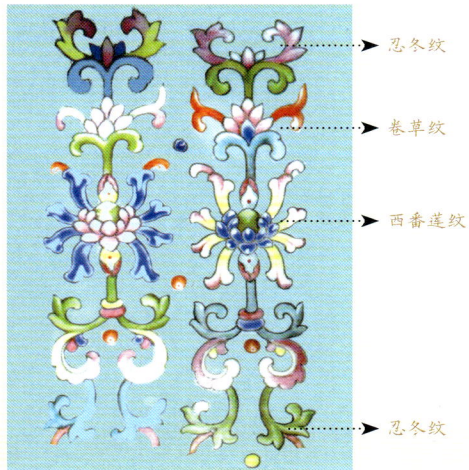

- → 忍冬纹
- → 卷草纹
- → 西番莲纹
- → 忍冬纹

上瓶花纹

束带上方的凸棱上绘连贯的缠枝花纹，它们用各类常见花草纹组合而成，中间以西番莲纹为核心。

- → 莲花纹
- → 卷草纹
- → 缠枝纹
- → 卷叶纹
- → 忍冬纹

下瓶花纹

束带下方的凸棱上绘有不同的缠枝花草纹，它的核心为莲花纹，并组合西番莲纹，左右两列造型相同，颜色交替填涂。

卷草蜡梅花纹

凸雕束带整体以红釉为地，上方以描金的方式绘制卷草纹和平瓣蜡梅花纹。

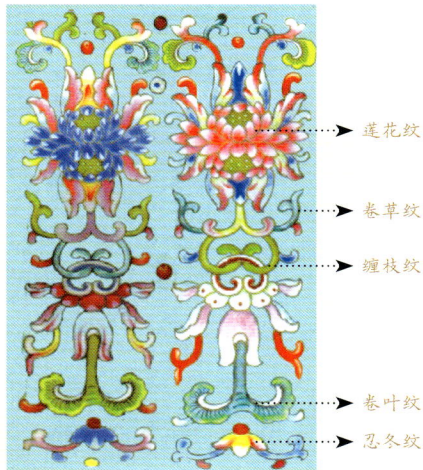

- 莲花纹
- 卷草纹

如意云头纹

瓶口处突出葵瓣口沿，上以黄釉为地，整体组成如意云头状，内饰莲花卷草，云头纹整体以蓝釉勾勒卷曲边缘。

工艺
Handicraft Technology

这件包袱式瓶在器型上采用了多种制作工艺，这使得它即使不看纹饰，也是一件造型十分优美的精品瓷器。瓶身整体的松石绿釉与束带的红釉相得益彰，十分引人瞩目。

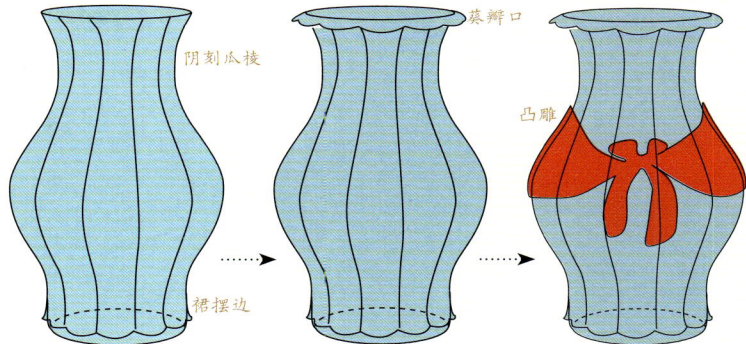

步骤①

素坯阶段，以阴刻技法勒出瓶身瓜棱，并用刻刀削出裙摆边。

步骤②

瓶口处以贴塑工艺套合突出的葵瓣口。

步骤③

在瓶身添加瓷土料，并以凸雕工艺塑造束带造型。

器型
Shape or Form

此瓶整体运用近观音尊瓶造型，用阴刻、削刻的方式，塑造出竖向的瓜棱造型，瓶口采用突出葵瓣口结构，瓶身中央附包袱式束带，后宽前窄，并系结。

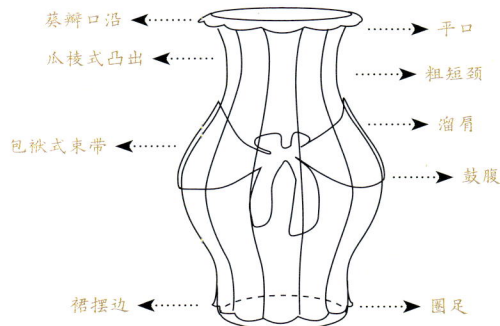

- 葵瓣口沿 ←
- 瓜棱式凸出 ←
- 包袱式束带 ←
- 裙摆边 ←
- → 平口
- → 粗短颈
- → 溜肩
- → 鼓腹
- → 圆足

广彩人物图盘

● 丰富的装饰、热烈的色彩，个性十足。

无款
[清] 道光（1821—1850）| 中国北京故宫博物院藏

清代中晚期，中国瓷器远销海外。其中景德镇生产的细白瓷器，因其细腻的胎质，洁白
如玉的釉色而广受欢迎。但此时广彩艺人承袭明代彩瓷精髓，融合西洋绘画技法，创作
出蕴含岭南风情的图案，独树一帜的岭南艺术风格由此诞生，深受中外人士青睐。这种
从景德镇出瓷，运到广州绘彩的瓷器，被称为"广彩瓷器"。此后它也成了外销瓷中的
主力军。这几件广彩人物图瓷盘就属于此列。它们由英国人订购，纹样颜色鲜艳，内容
丰富，绘画风格上中西结合，与素雅的传统瓷器相比，有一种热闹、饱满的另类感，但
它们也是中国制瓷史上辉煌的一笔。

鸭头绿	90-50-70-10	大绿	60-2-55-0	柳黄	30-5-90-0	桃天	0-35-10-0
菥蓝	50-0-15-0	橘红	5-65-90-0	窈蓝	55-30-5-0	葱青	65-20-50-0
缥色	30-10-25-0	缃叶	10-15-75-0	牙色	10-15-35-0	丹色	0-60-80-10
青花蓝	90-50-25-0	矾红	15-80-90-0	帝释青	100-85-40-20	棕黄	40-60-100-0

纹样
Patterns

广彩瓷器的纹饰通常用色鲜艳，不拘一格。若是订购瓷器，纹饰都需由买方提出要求，画师绘制草图，与买家沟通定稿后方可绘制在瓷器上。这3件瓷盘外壁留白，盘心都绘有人物场景图，盘沿绘制了一圈吉祥纹。颜色上以青、红、绿、黄4种色釉为主，鲜艳明丽，光彩夺目。

家族徽章

这几件瓷盘由英国伍斯特郡考文垂家族订购，此为其家族徽章，为一只踩着一束麦穗、昂首挺立的公鸡，下饰一圈深蓝色环带，环带上用法语写有家族铭言：Candide et Constanter。

吉祥纹

盘沿满绘一圈吉祥纹，包含了多种寓意吉祥的元素，这也是一种符合西方审美的装饰方式。

烧炉制瓷

芨草装箱

登船运输

出瓷图

这3件瓷盘展示了连贯的出瓷场景，图中人物各司其职，紧张忙碌。这种图案通常为买家选定，也是西方人了解中国风土人情的一种方式。

牡丹　蝴蝶　　刀戟　石榴　盘结　　丁香　雏菊　　寿字　双鱼坠
蝙蝠　寿桃　鹦鹉　　　　　　　　　　　荷花

工艺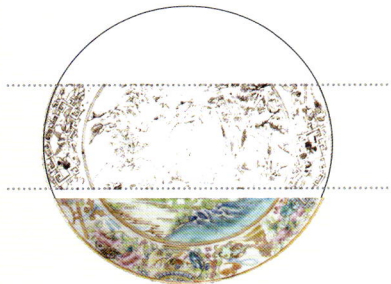
Handicraft Technology

广彩瓷器制作量大，为了提高生产效率，所以通常将绘画纹饰的步骤进行拆分，并分别由擅长不同工序的匠人合作。

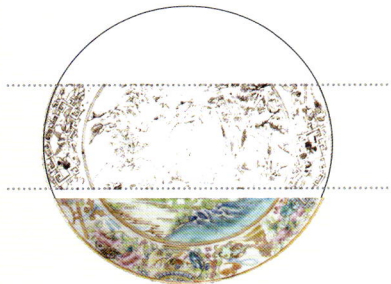

步骤① 选择好的白瓷胎，将选好的精细白胎洗干净并抹干。

步骤② 由擅长白描勾线的匠人用墨彩将纹饰线稿全部勾勒出来，然后入窑以800℃烧制。

步骤③ 由擅长填色的匠人填涂色釉，入窑以600℃烧制。

器型
Shape or Form

此盘口大而敞，腹浅而平，盘壁倾斜度很大，且圈足较小，这种看似不稳的器型在外销瓷中很常见。

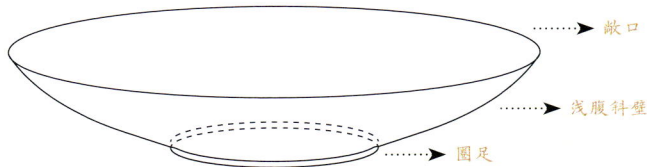

敞口
浅腹斜壁
圈足

乾隆款胭脂红蓝地轧道珐琅彩折枝花卉合欢瓶

● 蓝地繁花似锦簇，胭脂红染韵如诗。折枝瓶上合欢意，古韵今风共此时。

[大清乾隆年制] 款
[清] 乾隆（1736—1796）| 中国北京故宫博物院藏

这种双联式瓶的样式同样为乾隆时期创烧，被称为"合欢瓶"，用双生相伴的器型比喻君臣一心、天下归心。这件合欢瓶器型特别，以中轴线为界，左右分别用胭脂红、钴蓝为地交替互施。满瓶以轧道工艺满绘凤尾卷草纹，费时费工。 此后，这种造型优美、设计精巧的瓷器，成为流行一时的御用陈设器物。

80-65-0-0	宝蓝		35-85-60-0	䩄红
0-35-10-0	桃夭		90-50-25-0	青花蓝
100-85-40-20	帝释青		60-95-100-5	枣皮红
15-80-90-0	矾红		65-20-50-0	葱青
90-50-70-10	鸭头绿		5-65-90-0	橘红
30-5-90-0	柳黄		4-20-70-0	蜜蜡黄

170

纹样
Patterns

此瓶采用轧道工艺满绘凤尾卷草纹，整体在以胭脂红、钴蓝釉为地，绘制了几种缠枝花卉卷草纹组合，均匀铺在瓶身上。瓶颈、瓶底又结合环绕一周的各类二方连续花纹，整体纹饰颇为精美。

如意纹
由玉璋纹变形而来的如意纹，环绕瓶口下沿一周。

如意云头纹
瓶颈与瓶身结合处绘有一周如意云头纹，其以淡黄釉铺底，绿釉勾边。

缠枝水仙花纹　　　缠枝牡丹花纹　　　缠枝石榴花纹

缠枝花卉纹
瓶身铺满了缠枝花卉纹，其中花朵选取一种特定花卉，提取其特征进行变形。所有花卉都采用缠枝卷草卷叶纹搭配。

瓶盖纹
双联式盖接近椭圆形，两个盖顶都附金色宝珠钮，而盖面在珐琅彩色地上用铁锥划出细如毫芒、宛如凤尾的花卉纹，这被称为"轧道工艺"。上绘缠枝卷草纹一圈。

工艺
Handicraft Technology

此瓶采用双联式结构，被称为"合欢瓶"，它由外形一致、孪生相伴的双瓶结合而成，工艺复杂，颇费工料。

尊盖瓶

将两个外形一致的带盖尊瓶，在塑坯成形后，平整地削下一小侧边，并将其组合起来，衔接处用瓷土贴补，形成双联式合欢瓶器型。

器型
Shape or Form

此瓶瓶体为双联式，盘口，短颈，溜肩，圆腹，束胫，圈足微外撇，附双联式盖，盖顶置宝珠形钮。

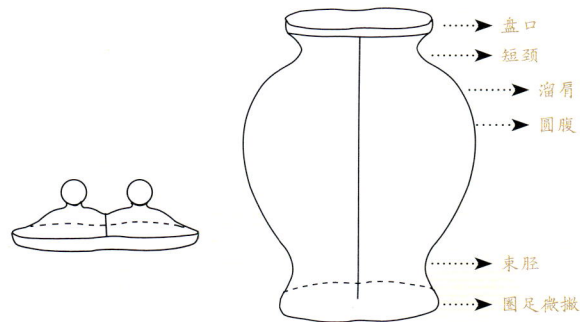

盘口
短颈
溜肩
圆腹
束胫
圈足微撇

青花玲珑瓷钵

● 一只只玲珑眼透出午后明媚的阳光。

无款
[清] 同治（1862—1875）｜美国大都会艺术博物馆藏

瓷器制作工艺的发展并不局限于釉色、器型等方面，还涉及装饰工艺。在更加精良的工具、更加优质的原料的助力下，制瓷匠人们造出了中国陶瓷艺术的瑰宝之一——玲珑瓷。这是一种在塑坯时，在瓷坯上通过镂雕工艺镂雕出许多规则的"玲珑眼"的工艺。这些玲珑眼处的胎体极薄，烧成后会透光，这样就在素胎表面形成了不施釉的花纹。这件青花玲珑瓷钵以青花装饰，整体明澈、剔透，堪称集高超烧造技艺和雕刻工艺于一身的艺术珍品。

纹样
Patterns

此玲珑瓷钵仅在器口和器底足处以青花绘制了一周花纹，其线条清晰流畅、细腻整齐，表现出匠人高超的勾线技艺。

云头纹

器口处用青花勾勒绘制一周云纹，每朵云纹用螺旋状线条向内勾回，其外围绘有重叠套合的线条。

海浪纹

器底足处以青花绘制了一周海浪纹，其为波浪纹的抽象简化表现，用线条勾勒刀头状浪尖，螺旋状线条表现卷浪，下方用平行直线表现波涛。

器型
Shape or Form

此玲珑瓷钵整体呈罐形器特点，罐口大而平，上半部分较为粗壮，罐腹往下渐收，器型稳重大气，浑圆饱满。

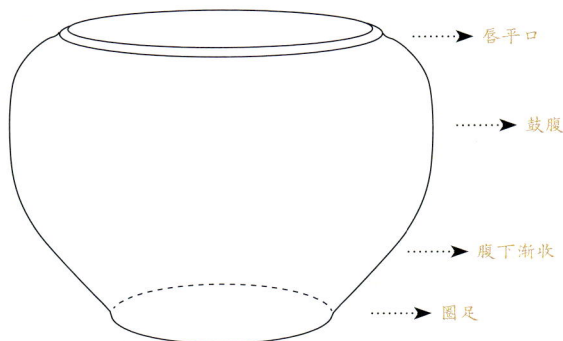

- 唇平口
- 鼓腹
- 腹下渐收
- 圈足

工艺
Handicraft Technology

玲珑瓷在国外深受欢迎，它的镂雕孔洞状似米粒，所以西方人也称其为"米花瓷"，它的制作难点正是这些米粒状的孔洞雕刻。

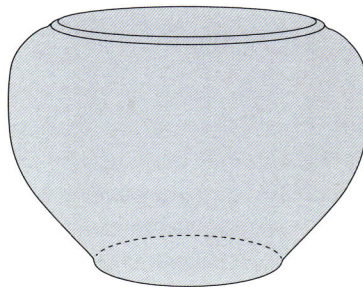

步骤①

用瓷土塑坯，需要在保持瓷坯湿润的同时使其保持一定硬度，这需要精准把握瓷土特性。

步骤②

由经验丰富的匠人使用镂雕刀从瓷坯内部下刀镂雕，一刀即是一孔，每一刀的力度都要保持一致。

步骤③

在镂雕好的瓷坯上施青花透明釉，入窑以1200℃的高温烧制成瓷。

步骤④

烧制全程均需控制温度，最高温和最低温之间的差异不超过100℃，太低无法成瓷，太高则镂雕孔易裂。

粉彩像生瓷果品盘

● 惟妙惟肖、以假乱真的瓷器，谁看了都分不出真假。

[大清乾隆年制] 款
[清] 乾隆（1736—1796）| 中国北京故宫博物院藏

35-85-60-0	程红	0-65-0-0	苏梅
25-95-100-0	洛神珠	40-60-100-0	棕黄
0-0-0-85	墨色	0-0-0-100	黑
35-0-65-0	松花绿	10-15-35-0	牙色

清代乾隆时期后，景德镇制瓷匠人在对釉、彩配方及烧窑技术的掌握达到炉火纯青之境界后，运用瓷质釉彩，制作几乎可以以假乱真的瓷器，即"像生瓷"。像生瓷可以使用任何类型的瓷器装饰方式，也可对烧造技艺、施釉工艺等进行灵活的组合，以烧制出与原物尽可能一致的瓷器为根本目的。此件粉彩像生瓷果盘仿生效果极桂，盘中诸物不但酷似实物，而且都具有吉祥含义，作为宫廷陈设、把玩的瓷器，它具有一种写实、震撼的美感，装饰意味强烈，赏心悦目。

纹样 Patterns

这件像生瓷模拟一个盛放各物的盘子，其中有菱角、螃蟹、石榴、花生、红枣、核桃、珊瑚豆、荔枝、瓜子、莲子。这些物体全部都有子孙兴旺的寓意，每一种物体都十分逼真。

菱角

寓意灵巧聪明。

螃蟹

螃蟹象征"一甲"，寓意金榜题名。

石榴

石榴多籽，寓意多子多福。

红枣

"枣"通"早"，寓意早生贵子。

核桃

与"和"谐音，寓意着吉祥与和睦。

珊瑚豆

寓意健康长寿。

荔枝

谐音"利至"，寓意好运连连。

瓜子

象征腹中有子。

莲子

通"连子"，寓意子嗣绵延。

器型 Shape or Form

这件像生瓷底部采用基础盘器造型，内部盛装多种果品、螃蟹。此盘敞口浅腹，内腹有明显的折腰造型，器型秀气优雅。

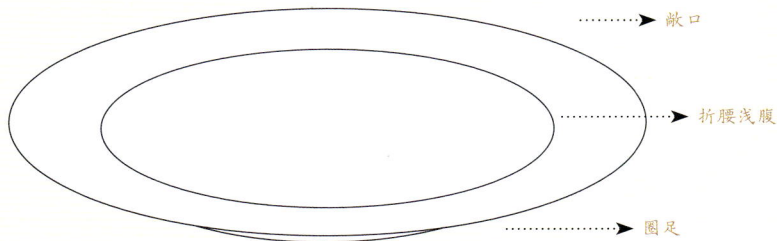

- ┈┈▶ 敞口
- ┈┈▶ 折腰浅腹
- ┈┈▶ 圈足

工艺 Handicraft Technology

这件像生瓷整体采用了多种工艺，包括贴塑、刻画、篦刻、雕塑等，同时使用了粉彩施色、多次烧成技术，充分体现了匠人高超的制瓷水平。

步骤①

素盘施透明釉，入窑以1300℃的高温烧制定型。

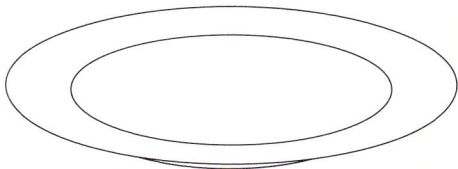

步骤②

分别由不同匠人将每一件单独的像生果品及螃蟹全部通过雕塑、利坯等工艺制作出来，将它们一个个以贴塑方式放入盘内，整体施透明釉后入窑以1300℃烧制。出窑后整体施玻璃白。

步骤③

用对应的色釉分别为盘中果品、螃蟹施色，入窑以600℃～800℃的低温烧制，以产生粉化效果。

参考文献
Reference

1.陈克伦.瓷器中国[M].上海:上海书画出版社,2021.

2.蒙克豪斯,卜士礼.中国瓷器史[M].北京:华文出版社,2021.

3.杨宏伟.中华瓷器之美[M].汕头:汕头大学出版社,2016.

4.中国文学学会专家委员会.中国官窑瓷器[M].济南:山东美术出版社,2011.

5.张柏.瓷器文化[M].北京:中国文史出版社,2020.

6.铁源.明清斗彩瓷器[M].北京:华龄出版社,2005.

7.铁源.清代晚期粉彩瓷器[M].北京:华龄出版社,2006.

8.姚江波.彩瓷鉴定:中国古代瓷器鉴定[M].济南:山东美术出版社,2014.

9.童书业.中国瓷器史[M].北京:台海出版社,2023.